Be Partners

Tastatur-Reise

Tastschreiben in 3 Wochen

Schülerband

Ingeborg Lütcke

in Zusammenarbeit
mit der Verlagsredaktion

incl. kostenloser Audiodateien
zum Download

Cornelsen

Bildquellenverzeichnis

S. 9/51: 1/shutterstock/Art Konovalov, 2/Fotofinder/F1 online/driveImages, 3/shutterstock/Alexandre Marchi, 4/shutterstock/hfng, 4/shutterstock/EML, 5/shutterstock/DDCoral, 6/Alamy/Culture Images, 8/shutterstock/bikeworld; S. 18: shutterstock/Jekh; S. 23/Gabriele Heinisch;S. 61: 1/shutterstock, 2/Alexandra Ungureanu, 3/wikipedia/Thorsten Hartmann, 4/shutterstock, 5/Fotolia/Photodesign Deluxe, 6/Fotofinder/Sea Tops, 7/shutterstock, 8/shutterstock/Elena Schweitzer; S. 62: 1/wikipedia, 2/Comedy Hall Darmstadt; 3/shutterstock/Claudia Divizia; 4/shutterstock/Jeni Foto, 5/Museum Explora Frankfurt, 6/Picture Alliance/Frank May, 7/shutterstock/Patrick Paendl; S. 63: 1/Picture Alliance/Markus Scholz, 2/wikipedia/M. Bienick, 3/Picture Alliance/Carsten Rehden, 4/wikipedia/Drakskepp2, 5/Picture Alliance/Martina Scheffler, 6/Picture Alliance/Wulf Pfeiffer, 7/Picture Alliance/Wulf Pfeiffer, 8/wikipedia, 9/wikipedia/Sven Hagge, 10/shutterstock/Patricia Hofmeester; S. 64: 1/shutterstock/ottpeter, 2/Stadt Lindau/Peter Sternbeck, 3/Picture Alliance/Ralph Goldmann, 4/shutterstock/Igor Rogozhnikov, 5/Fotolia/Synicola, 6/shutterstock/Alexander Chaikin, 7/Alamy/Chris Ballentene, 8/wikipedia;

Wir weisen darauf hin, dass die im Lehrwerk genannten Unternehmen und Geschäftsvorgänge frei erfunden sind. Ähnlichkeiten mit real existierenden Unternehmen lassen keine Rückschlüsse auf diese zu.

Sämtliche Personenbezeichnungen in diesem Band (z. B. „Schüler", „Lehrer", „Mediengestalter") gelten selbstverständlich für beide Geschlechter.

Verlagsredaktion: Peter Sander
Bildredaktion: Gertha Maly
Umschlaggestaltung: Studio SYBERG, Berlin
Illustration: Gabriele Heinisch

www.cornelsen.de/cbb

Die Links zu externen Webseiten Dritter, die in diesem Lehrwerk angegeben sind, wurden vor Drucklegung sorgfältig auf ihre Aktualität geprüft. Der Verlag übernimmt keine Gewähr für die Aktualität und den Inhalt dieser Seiten oder solcher, die mit ihnen verlinkt sind.

1. Auflage, 1. Druck 2013

Alle Drucke dieser Auflage sind inhaltlich unverändert und können im Unterricht nebeneinander verwendet werden.

Druck: Himmer AG, Augsburg

ISBN 978-3-06-450943-6

Inhalt gedruckt auf säurefreiem Papier aus nachhaltiger Forstwirtschaft.

Vorwort

Herzlich willkommen zur Tastatur-Reise – Tastschreiben in 3 Wochen!

Das vorliegende Schülerarbeitsbuch „Tastatur-Reise“ soll Ihnen helfen, das „blinde“ 10-Finger-Tastschreiben zu erlernen, das das Schreiben auf der Computertastatur wesentlich erleichtert und beschleunigt. „Blind“ bedeutet hier nicht, dass Sie mit geschlossenen Augen schreiben, sondern, dass Sie ab sofort bei der Eingabe eines Textes über die Tastatur nicht mehr auf die Tastatur selbst schauen, sondern nur noch auf eine etwaige Vorlage, der Sie einen zu schreibenden Text entnehmen (sowie ab und zu auf den Bildschirm, um dort das Geschriebene zu kontrollieren).

Das Schülerarbeitsbuch besteht aus drei Teilen:

A Verankerung des Tastenfeldes im Gedächtnis mit der „Tastatur-Reise“

Zunächst arbeiten Sie ohne Computer und ohne Tastatur: Sie hören die „Tastatur-Reise“ durch Deutschland, das heißt einen Bericht über eine Städtereise durch Deutschland von Süden nach Norden, den Ihr Lehrer vorliest oder von einer CD abspielt.[1]

Dabei lernen Sie in vier Phasen die einzelnen Bereiche der Tastatur mit ihren Tasten kennen. Der Anfangsbuchstabe jeder Stadt, die Sie auf der Tastatur-Reise kennenlernen, und jeder Aktivität, die Sie in der jeweiligen Stadt unternehmen, entspricht jeweils dem Buchstaben einer Taste auf der Tastatur.

Um auch gleich mit dem Tastsinn zu lernen, bewegen Sie bei geschlossenen Augen Ihre Finger der linken und der rechten Hand auf Ihrem Knie. Denn jede Taste auf der Tastatur sollen Sie später auch bei der PC-Arbeit immer mit ein und demselben Finger bedienen.

So verankern Sie in Ihrem Gedächtnis mithilfe der Mnemotechnik[2] und der gleichzeitigen Aktivität von Hör- und Tastsinn das Bild der Tastatur und der Griffe, die Sie später auf der Tastatur ausführen werden.

B Selbstschulung

Auf die vom Lehrer begleitete Tastatur-Reise folgt das Selbststudium des 10-Finger-Tastschreibens: An der Tastatur Ihres Computers üben Sie Schritt für Schritt die Tastaturgriffe ein, die Sie in Teil A im Gedächtnis vernetzt haben.

C Lösungen

Das Werk endet mit den Lösungsvorschlägen zu den verschiedenen Tests und Übungen in Teil A und B.

Viel Spaß beim Arbeiten mit der „Tastatur-Reise“!

Autorin und Redaktion

PS. Besuchen Sie uns auch unter www.bepartners.de; dort finden Sie Informationen und Arbeitsmaterialien zum Ausbildungsberuf „Kaufleute für Büromanagement“ und zum dafür entwickelten Cornelsen-Lehrwerk „Be Partners – Büromanagement “.

[2] Wenn Sie sich diesen Teil A allein ohne Lehrer im Selbststudium erarbeiten, laden Sie die drei dazu gehörenden Audiodateien „Tastatur-Reise Phase 1“, „... 2“ und „... 3“ von der Internetseite www.bepartners.de/tastaturreise kostenlos auf Ihren PC.

Als [2] **Mnemotechnik** („Gedächtniskunst“) werden verschiedene Merktechniken bezeichnet. Bei der hier angewendeten „Geschichtentechnik“ wird ein zu lernender Inhalt (also die Tasten auf der Tastatur) gedanklich mit einer Geschichte verknüpft (hier mit den Stationen auf der „Tastatur-Reise“).

Inhaltsverzeichnis

A Verankerung des Tastenfeldes im Gedächtnis

Tastatur-Reise

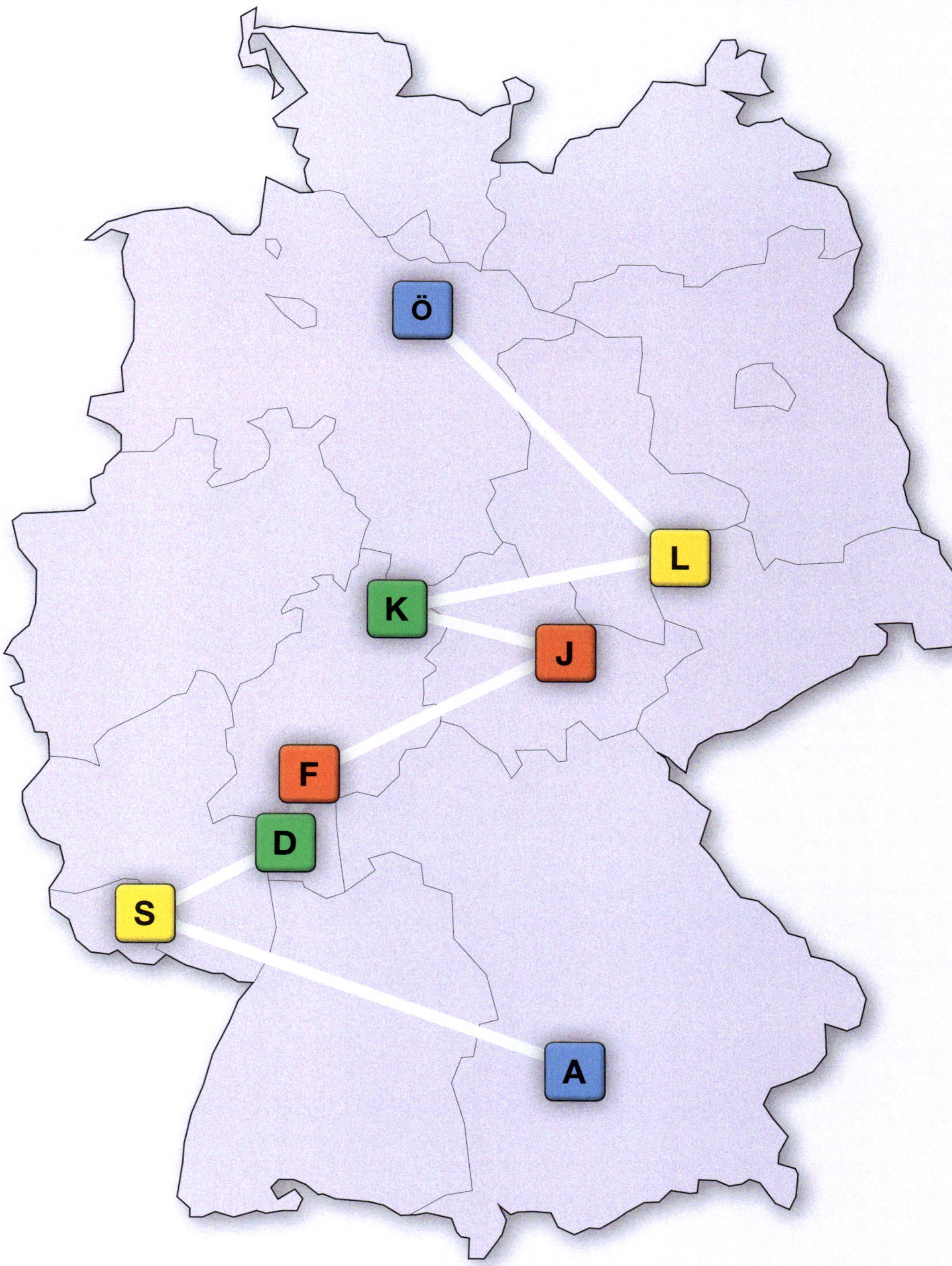

Zur Griffsicherheit auf der Computertastatur.

0 Vorbereitung

Als Vorbereitung auf die vom Lehrer begleitete Tastatur-Reise nehmen Sie zunächst eine Bestandsaufnahme Ihrer bisherigen Schreibgewohnheiten auf der Tastatur vor. Im Anschluss folgt eine Gesamtübersicht über die Computertastatur mit einer Zuordnung der Griffinger, um Sie auf die folgende Tastatur-Reise vorzubereiten.

0.1 Bestandsaufnahme 1: Verwendung der Computertastatur

Wie arbeiten Sie bisher auf der Computertastatur? Beantworten Sie dazu die folgenden Fragen.

Haben Sie sich die Bedienung in einem der folgenden Systeme selbst beigebracht?

1-Finger-Suchsystem ja ☐ nein ☐

Mehrfinger-Suchsystem ja ☐ nein ☐

Hatten Sie vor langer Zeit einen 10-Finger-Tastschreibkurs besucht? ja ☐ nein ☐

Wenn ja, wann?

____

Hatten Sie das „Blindschreiben“ als lästig empfunden? ja ☐ nein ☐

Wenn ja, warum?

____

____

____

Können Sie „blindschreiben“? ja ☐ nein ☐

Haben Sie das Gefühl, Ihre Schreibtechnik ist zu langsam? ja ☐ nein ☐

Fühlen Sie sich unsicher bei der Texteingabe? ja ☐ nein ☐

Wenn ja, warum?

____

____

____

Möchten Sie Ihre bisherige Tastaturbedienung auf sicheres „Blindschreiben“ umstellen? ja ☐ nein ☐

Was wollen Sie damit erreichen?

____

____

____

Beginnen Sie jetzt, sich das **Tastaturbild „blind“ zu erarbeiten.**

Lassen Sie sich auf die nun folgende abwechslungsreiche Tastatur-Reise ein. Damit prägen sich die Buchstaben der Grundstellung und die davon ausgehenden Griffe in die obere und untere Buchstabenreihe und in die Ziffern- und Zeichenreihe als Tastaturbild „blind“ ein.

0.2 Tastatur: Gesamtübersicht

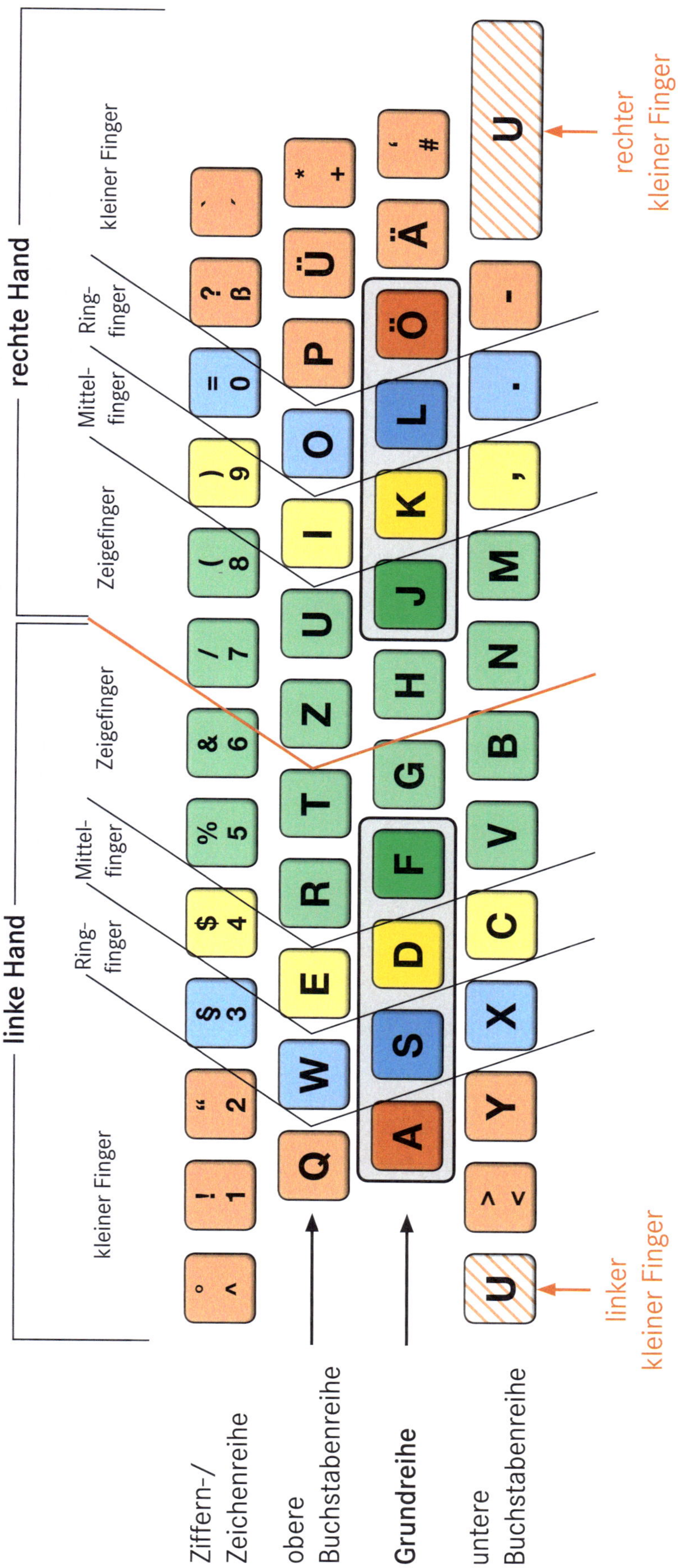

1 Phase 1: Tastenfeldausschnitt Grundstellung

Wenn Sie diesen Teil A unter Anleitung Ihres Lehrers oder Ihrer Lehrerin bearbeiten, wird diese/r Ihnen passend zu Phase 1 bis Phase 3 einen dreiteiligen Text zu einer Tastatur-Reise durch Deutschland vorlesen oder von einer CD abspielen.

Falls Sie sich diesen Teil A allein – also ohne Lehrer/Lehrerin – erarbeiten, laden Sie bitte zunächst die drei dazu gehörenden Audiodateien „Tastatur-Reise Phase 1", „... 2" und „... 3" von der Internetseite www.bepartners.de/tastaturreise kostenlos auf Ihren PC.

Hören Sie zunächst die Audiodatei „Tastatur-Reise Phase 1" und befolgen Sie die darin genannten Schritte. Sehen Sie sich dann zur Vertiefung des Gehörten die Tastenfeldausschnitte auf der vorliegenden Seite 8 an und lösen Sie anschließend die zwei Tests zu Phase 1 auf Seite 9 und 10.

Verfahren Sie in Phase 2 (Seite 11 – 12) und Phase 3 (Seite 13 – 14) bitte in der gleichen Reihenfolge (Hören → Sehen → Test).

1.1 Tastenfeldausschnitt: Tastatur Grundstellung linke Griffhand

Prägen Sie sich die Buchstaben der Grundstellung gut ein.

Tastatur: linke Griffhand

kleiner Finger	Ringfinger	Mittelfinger	Zeigefinger
Augsburg	Saarbrücken	Darmstadt	Frankfurt

Grundstellung

1.2 Tastenfeldausschnitt: Tastatur Grundstellung rechte Griffhand

Tastatur: rechte Griffhand

Grundstellung

Zeigefinger	Mittelfinger	Ringfinger	kleiner Finger
Jena	Kassel	Leipzig	Örtze

1.3 Test 1: Tastenfeldausschnitt Grundstellung linke und rechte Griffhand

1. Tragen Sie die jeweiligen Reiseziele ein.

Audi: ______________________ Saab: ______________________

Wohin geht die Tastatur-Reise? Mit dem ... nach ...

Daimler: ______________________ Ferrari: ______________________

2. Tragen Sie die Buchstaben der Grundstellung ein.

linke Hand rechte Hand

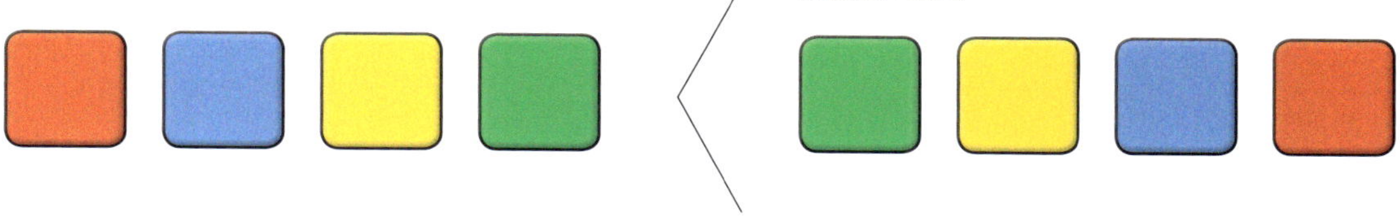

Jaguar: ______________________ Kia: ______________________

Lancia: ______________________ Öffentlicher Nahverkehr: an die ______________

Vergleichen Sie Ihre Lösungen mit den Lösungen in Teil C.

1.4 Test 2: Grundstellung linke und rechte Griffhand

1. Welcher Finger schreibt in der Grundstellung welchen Buchstaben? Tragen Sie den Buchstaben in das entsprechende Kästchen des Grifffingers ein.

Tastatur

linke Hand | rechte Hand

Buchstabe	Umschaltung (linke Hand)	kleiner Finger (linke Hand)	Ringfinger (linke Hand)	Mittelfinger (linke Hand)	Zeigefinger (linke Hand)	Zeigefinger (rechte Hand)	Mittelfinger (rechte Hand)	Ringfinger (rechte Hand)	kleiner Finger (rechte Hand)	Umschaltung (rechte Hand)
a	nicht ausfüllen									nicht ausfüllen
f										
d										
s										
j										
ö										
k										
l										
		rechte und linke Hand im Wechsel								
a										
j										
d										
ö										
l										
s										
k										
f										
l										
d										

Vergleichen Sie Ihre Lösungen mit den Lösungen in Teil C.

2 Phase 2: Tastenfeldausschnitt linke Griffhand

2.1 Erweiterte Tastatur-Reise für die linke Griffhand

Sie greifen aus der Grundstellung in die **Ober- oder Unterreihe.**

Tastatur: linke Griffhand

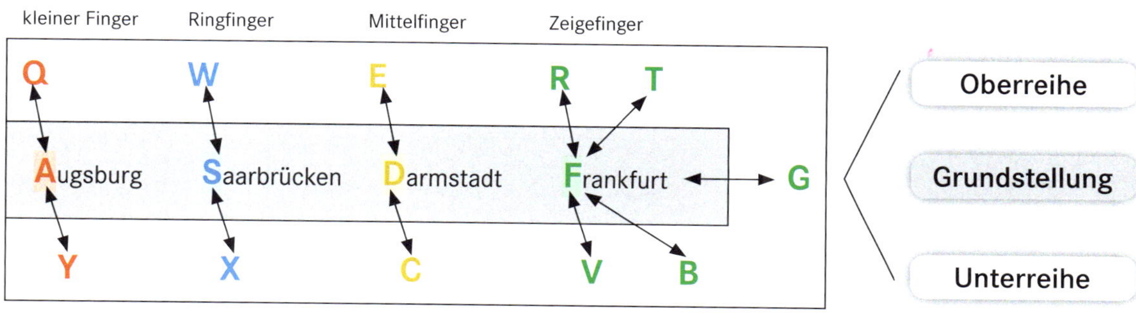

Nach dem Anschlag kehren Sie sofort in die **Grundstellung** zurück. (Siehe Pfeile!)

2.2 Test 3: Tastenfeldausschnitt Griffschema linke Griffhand

1. Erinnern Sie sich daran, was Sie im Text zur Tastatur-Reise gehört haben.
   a) Tragen Sie die Reiseziele ein.
   b) Nennen Sie die Erlebnisse bzw. Unternehmungen.

	Reiseziel:	Erlebnisse/Unternehmungen:
In		
In		
In		
In		

2. Ordnen Sie jedem Buchstaben der Grundstellung die Griffe in die Ober- oder Unterreihe zu. Tragen Sie die Buchstaben in das Tastaturschema ein.

Tastatur: linke Griffhand

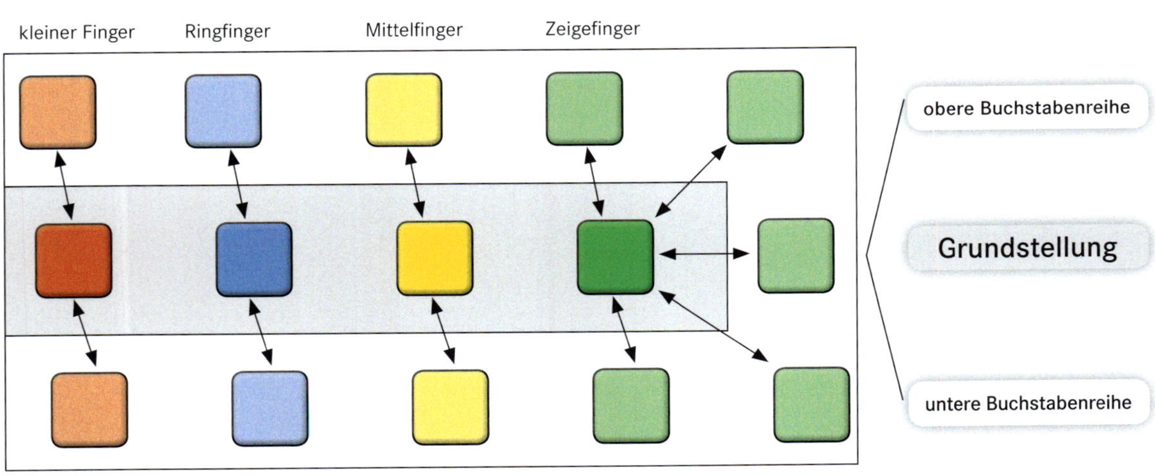

Vergleichen Sie Ihre Lösungen mit den Lösungen in Teil C.

3 Phase 3: Tastenfeldausschnitt rechte Griffhand

3.1 Erweiterte Tastatur-Reise für die rechte Griffhand

Sie greifen aus der Grundstellung in die **Ober- oder Unterreihe.**

Tastatur: rechte Griffhand

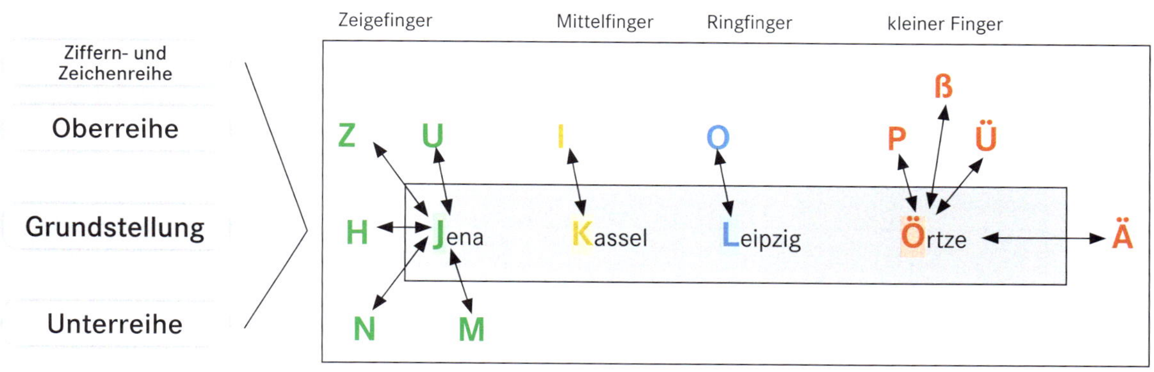

Nach dem Anschlag kehren Sie sofort in die **Grundstellung** zurück. (Siehe Pfeile!)

3.2 Test 4: Tastenfeldausschnitt Griffschema rechte Griffhand

1. Erinnern Sie sich daran, was Sie im Text zur Tastatur-Reise gehört haben.
   a) Tragen Sie die Reiseziele ein.
   b) Nennen Sie die Erlebnisse bzw. Unternehmungen.

	Reiseziel:	Erlebnisse/Unternehmungen:
In		
In		
In		
An		

2. Ordnen Sie jedem Buchstaben der Grundstellung die Griffe in die Ober- oder Unterreihe zu und tragen Sie die Buchstaben in das Tastaturschema ein.

Tastatur: rechte Griffhand

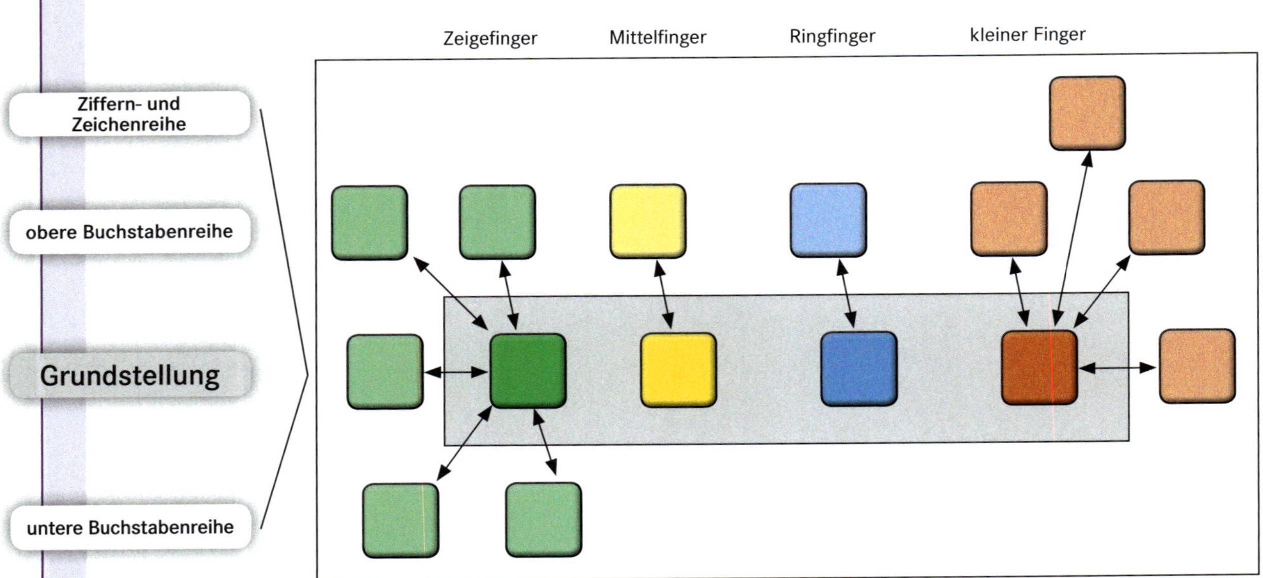

Vergleichen Sie Ihre Lösungen mit den Lösungen in Teil C.

3.3 Vertiefen und Festigen des gehörten Textes zu den Phasen 1 – 3 der Tastatur-Reise

Die folgenden beiden Texte fassen die Informationen zusammen, die Sie bisher auf Ihrer Tastatur-Reise gesammelt haben. Nutzen Sie den Text, um das Gehörte zu festigen.

linke Hand

Mit dem **roten Audi** erreichen Sie Ihr erstes Reiseziel: **Augsburg**. Dort ersteigern Sie einen **Quarzring**. Anschließend entspannen Sie sich auf einer **Yogamatte** am Ufer des Lechs in **Augsburg**.

Ihre Reise führt Sie nun mit dem **blauen Saab** nach **Saarbrücken**. Zu Fuß begeben Sie sich auf den berühmten **Wanderweg an der Saar**, der Sie zum Weltkulturerbe der „Völklinger Hütte“ (Bergbaumuseum) führt. Ein weiteres Highlight erwartet Sie nach Ihrer Wanderung. Sie erleben das einmalige Schauspiel der auf einem **Xylophon** spielenden Affen im Zoo.

Mit dem **gelben Daimler** fahren Sie anschließend nach **Darmstadt**. Dort erwartet Sie eine Erlebnisführung durch das **Europäische Raumfahrtzentrum**. Sie werden im **gelben EU-Raumanzug** an einem simulierten Flug in das Weltall teilnehmen. Begeistert werden Sie auch von der abendlichen Varieté-Vorstellung der „**gelben Clowns**“ in der **Comedy Hall** sein.

Im **grünen Ferrari** geht es weiter in die Großstadtmetropole **Frankfurt** am Main. Dort besuchen Sie zuerst das weltberühmte **Goethe-Haus** am **Römer**. Anschließend gehen Sie über die Mainbrücke und kommen direkt zum **Technischen Museum** für Kommunikation. Als das Telefon zum ersten Mal funktionierte, war der Erfinder so überrascht, dass ihm nichts einfiel, und er schrie in den Hörer: „Das Pferd frisst keinen Gurkensalat!“ Nach diesem faszinierenden Museumsgang legen Sie eine Pause im weltbekannten **Viertel** der „Appelwoi-Kneipen“ ein. Beim Besuch in der hektischen Frankfurter **Börse** werden Sie dann ganz entspannt sein.

rechte Hand

Im Navi Ihres **grünen Jaguars** blitzt **Jena**, Ihr nächstes Reiseziel, auf. Bei Ihrer Ankunft speisen Sie im **Historischen Gasthaus** (auch Luther-Haus genannt). Natürlich besuchen Sie auch die altehrwürdige **Universität**, die 1588 gegründet wurde. In den weltberühmten optischen **Zeiss-Werken** bekommen Sie eine spannende Führung durch das Zeiss-Planetarium. Hier lernen Sie die fantastische Welt des Universums und der fernen Galaxien kennen. Im südländisch anmutenden **Naturpark Jena** mit seinen bis zu 400 m hohen **Muschelkalk-Bergen** relaxen Sie bei einem Spaziergang.

Im flotten **gelben Kia** geht es nach **Kassel** weiter, wo Sie im **ICE-Bahnhof** eine Verabredung haben und an einer spannenden Krimi-Lesung teilnehmen.

Mit der **blauen Lancia-Limousine** sind Sie dann unterwegs nach **Leipzig**. Hier werden Sie im modern gestalteten **Opernhaus** das Musical „Phantom der Oper“ erleben.

Im letzten Teil Ihrer Reise lernen Sie den „sanften Tourismus“ kennen. Sie reisen mit dem **öffentlichen** Nahverkehr an die **Örtze**, einen Fluss in Niedersachsen. Dort angeln Sie für das Abendessen mehrere **Äschen**. So gestärkt unternehmen Sie eine **Paddeltour**. Danach ist eine **Übernachtung** im Zelt vorgesehen. Zum Reiseabschluss geht es mit einem **Floß** die Örtze abwärts.

4 Phase 4: Abschlusstest

4.1 Testvorbereitung – Aufgabenlösung

Griff von der Grundstellung in die Unterreihe

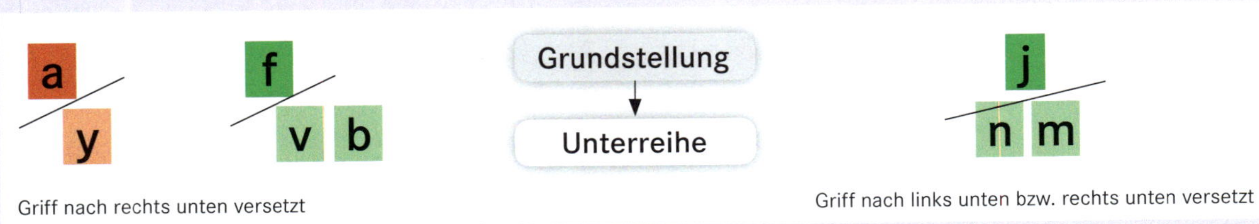

Griff von der Grundstellung in die Oberreihe

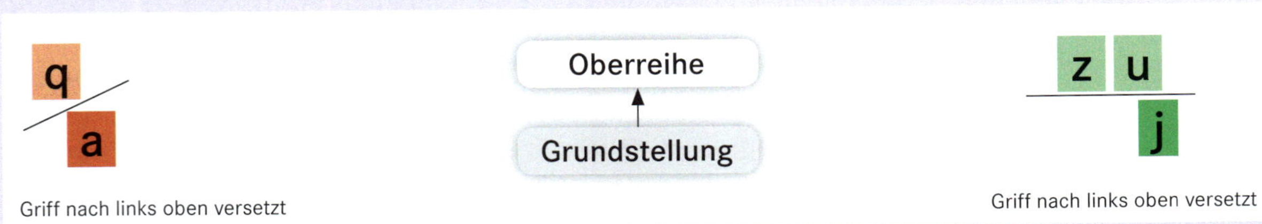

Griff von der Grundstellung zu einem Buchstaben der Grundreihe

Griff von der Grundstellung in die Ziffern- und Zeichenreihe

1. **Sie haben das Tastenfeld fest im Gedächtnis verankert und kennen die Lage der Buchstaben. Stellen Sie die Griffe zu den nachfolgenden Buchstaben nach dem oben gezeigten Schema dar.**

x		m		c	
o		ä		i	
e		ß		b	
h		t		p	

Vergleichen Sie Ihre Lösungen mit den Lösungen in Teil C.

4.2 Test 5 (Abschlusstest): Grundstellung mit Ober- und Unterreihe für linke und rechte Griffhand

1. Welcher Grifffinger schreibt welchen Buchstaben? Schreiben Sie jeweils den Buchstaben in das entsprechende Kästchen des Grifffingers.

   Denken Sie an die vorgeübte Darstellung der Griffe in die Ober-/Unter- oder Grundreihe.

Tastatur

linke Hand | rechte Hand

Buchstabe	Umschaltung	kleiner Finger	Ringfinger	Mittelfinger	Zeigefinger	Zeigefinger	Mittelfinger	Ringfinger	kleiner Finger	Umschaltung
y										
w										
r										
b										
e										
v										
q										
x										
g										
c										
t										
	nicht ausfüllen	rechte und linke Hand im Wechsel								nicht ausfüllen
z										
ß										
h										
m										
i										
ä										
n										
o										
p										
ü										
u										

Vergleichen Sie Ihre Lösungen mit den Lösungen in Teil C.

B Tastatur-Selbstschulung

In nur drei Wochen SICHER das Chaos beherrschen

Zur Griffsicherheit auf der Computertastatur.

Die wichtigsten Grundlagen für eine erfolgreiche Textbe- und -verarbeitung sind
- Griffsicherheit auf der Computertastatur,
- DIN-Schreibweisen und
- Textgestaltung.

5 Vorbereitung

5.1 Aufbau des Kurses

Dieser Kurzlehrgang dient ausschließlich der schnellen Tastaturerlernung oder Tastaturwiederholung mit Festigung und Erhöhung der Griffsicherheit und Erhöhung der Schreibgeschwindigkeit.

Arbeitspensum 1. Woche	Inhalt
Bestandsaufnahme 2	Ihre bisherige Arbeitsweise
Schreiben auf der Tastatur	Kommentar zum Lehrgang
Zeitplan für die Tastaturbeherrschung	1. – 3. Woche
Arbeitsplatz	Herstellen der Schreibbereitschaft
Arbeitsempfehlungen	Einstellungen, Ausdruck, Korrektur, „Blindschreiben“, Stützfinger
Tastatur 1	„Blindes“ Ertasten der Grundstellung und Schreiben in der Grundstellung
Tastatur 2	Linke Hand schreibt, rechte Hand schaltet um
Tastatur 3	Rechte Hand schreibt, linke Hand schaltet um
Tastatur 4	G/H und Komma/Punkt
Test 6	Buchstabentest bis G und H (Lösung in Teil C)
Tastatur 5	E/I und R/U
Tastatur 6	W/O und Q/P
Schreibtraining 1	**Zeilenschreiben mit den bisherigen Buchstaben bis Q/P**
Tastatur 7	T/Z und V/M und B/N
Test 7	Buchstabentest bis B und N (Lösung in Teil C)
Arbeitspensum 2. Woche	**Inhalt**
Tastatur 8	C/X/Y und Mittestrich
Schreibtraining 2	**Erstes Textschreiben bis B, N und C**
Tastatur 9	Ä/Ü/ß
Test 8	Buchstabentest zu allen Buchstaben (Lösung in Teil C)
Schreibtraining 3	**Textgestaltung**
Tastatur 10 (Übersicht und Blatt 1–3)	Ziffern und Zeichen in Texten schreiben unter Berücksichtigung der DIN 5008
Test 9	Ziffern und Zeichen (Lösung in Teil C)
Arbeitspensum 3. Woche	**Inhalt**
Übersicht DIN 5008	Wichtige Schreibregeln zu Schriftzeichen, Wortschreibweisen und Zahlen
Arbeitsempfehlungen	zum entspannten Schnellschreiben
Schreibtraining 4	**Schnellschreibtext „Ein Besuch in Schleswig an der Schlei“**
Schreibtraining 5	**Schnellschreibtext „Insel Lindau – die Altstadtperle im Bodensee“**
Übersicht DIN 5008	Möglichkeiten der Textgestaltung
Textgestaltung	mit Gestaltungsaufgaben der Texte „Ein Besuch in Schleswig an der Schlei“ und „Insel Lindau – die Altstadtperle im Bodensee“

Hinweis: Dieser Zeitrahmen kann nicht mehr verkürzt werden.

5.2 Bestandsaufnahme 2: Ihre bisherige Arbeitsweise

Mit der Tastatur-Reise haben Sie sich das Tastaturbild „blind“ eingeprägt. Das erleichtert Ihnen die nachfolgende praktische Tastaturerarbeitung entscheidend. Sie werden von Anfang an die Griffsicherheit spüren und damit das leichte „Blindschreiben“ erfahren. Schon nach wenigen Lektionen werden Sie feststellen, dass Sie die Eingabe über die Tastatur nun mit weniger Stress und Hektik bewältigen und entspannt mehr Leistung erbringen können.

Vor dem Einstieg in das praktische Arbeiten befassen Sie sich jetzt ein zweites Mal mit Ihrer bisherigen Schreibtechnik am Computer. Finden Sie durch die nachfolgende Beschreibung heraus, welche Schreibablauf-Fehler auf Sie zutreffen:

- Lesen Sie Ihre Textvorlage meistens zu schnell oder zu langsam?
- Können Sie Ihre Lesegeschwindigkeit mit der gleichzeitigen Texteingabegeschwindigkeit halten?
- Bremsen der ständige Kontrollblick auf die Tastatur und dann auf den Monitor Ihre Eingabegeschwindigkeit?
- Finden Sie trotz Ihrer Kontrollmechanismen noch viele Fehler?
- Wie viel Zeit benötigen Sie zum Verbessern und Korrekturlesen?
- Müssen Sie oft feststellen, dass trotz Ihrer Korrekturen von anderen noch Fehler gefunden werden?

Die Textübernahme ist bei so einer Arbeitsweise anstrengend und schwierig. Oft fehlen Endungen oder sie werden aufgrund von Rechtschreibunsicherheiten falsch geschrieben. Vieles wird dem eigenen Sprachverhalten angepasst und kann fehlerhaft sein. Dabei kommt es auch häufig zu unbewussten Wort- oder Textänderungen.

Nicht „blindschreiben“ zu können bedeutet, die drei- bis vierfache Zeit für ein Textprodukt aufbringen zu müssen. Wenn aber Schreiben und Lesen eine Einheit bilden, dann bemerkt der/die Schreiber(in) in 95 % der Fälle Grifffehler selbst und korrigiert sie.

Der Fehler verursachende Kreislauf:

1. von der Vorlage Textteil ablesen
2. Textteil mit Tastatursicht erstellen
3. Lesekontrolle am Monitor vornehmen
4. Blick zur Vorlage für nächsten Textteil und den wieder in vier Schritten erstellen

Dieser Kreislauf muss nun mit konsequentem **Blindschreiben** durchbrochen werden!

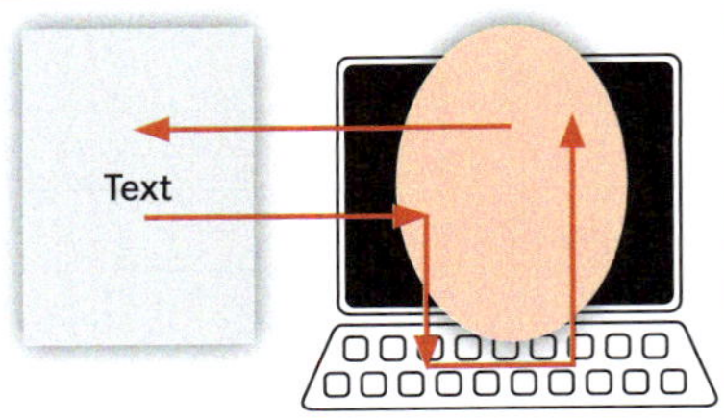

Entspanntes, ruhiges und konzentriertes Arbeiten am Computer sieht so aus:

Vorlagentext **„blind“** übernehmen heißt: **im 10-Finger-System** den Text ohne Blick auf die Tastatur eingeben! (Gelegentlicher Kontrollblick zum Monitor!)

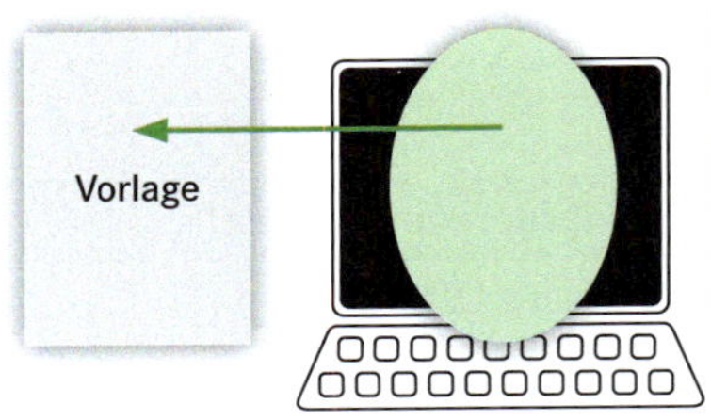

Auch beim späteren routinemäßigen Arbeiten nach Stichworten oder bei direkter Textformulierung wird die Textentstehung am Bildschirm verfolgt, während die Eingabe über die Computertastatur „blind“ geschieht.

Gestalten können Sie den Text schon während der Eingabe oder erst beim anschließenden Korrekturlesen.

Sie haben die Analyse Ihrer Schreibablauf-Fehler durchgeführt. Das Tastaturbild haben Sie sich im ersten Schritt Ihrer Umstellung bereits „blind“ erarbeitet. Sie beginnen jetzt von Anfang an mit dem „Blindschreiben“ , d. h., Sie schauen ab sofort nicht mehr auf die Tastatur. Damit bauen Sie systematisch ein neues Schreibgefühl und eine neue Griffsicherheit auf.

Das alte 1-Finger-Such-Sicht-Schreiben darf **nicht** mehr zum Einsatz kommen.

5.3 Schreiben auf der Tastatur: Kommentar zum Lehrgang

Der Lehrgang beginnt mit dem sicheren Ertasten der Grundstellung und den ersten Schreibübungen. Die Wortbildung mit acht Buchstaben ist in diesem Stadium sehr begrenzt. Die Enter- und die Korrekturtaste werden ebenfalls „blind“ bedient. **Die Stützfinger (links auf „F“, rechts auf „J“) behalten fast immer den Tastenkontakt.** Die Finger der jeweiligen Griffhand – außer dem Schreibfinger – werden hochgenommen, damit die Schreibtaste erreicht wird, und sie kehren anschließend alle sofort in die Grundstellung zurück.

Fühlen Sie sich bis hierher sicher, ohne Kontrollblicke auf die Tastatur zu werfen, dann können Sie zur nächsten Lektion, der linken und rechten Umschaltung, weitergehen. Dort lernen Sie das gleichmäßige, ruhige Schreiben, indem Sie z. B. die rechte Umschaltung drücken und links den Großbuchstaben durch Drücken der entsprechenden Taste entstehen lassen. Anschließend muss die Umschaltung sofort losgelassen werden! Sie haben ein Schema dieses Vorgangs für die linke und rechte Umschaltung. Dieser gleichzeitige Vorgang von Umschaltung und Schreibtaste muss gut geübt sein und selbstverständlich in den Schreibvorgang integriert werden.

Bereiten Ihnen die Umschaltungen nach intensiver Übung keine Schwierigkeiten mehr, dann beginnen Sie mit der weiteren Erarbeitung von Buchstaben und Satzzeichen. Die Übungen sind überschaubar und kurz, und dennoch werden die Griffe gut integriert. Jeder neue Buchstabe bis zu „Ä, Ü, ß“ wird auf gleiche Weise erarbeitet: Wort, Wendung, Satz und später kurzer Text.

Die Steigerung Ihrer Schreibgeschwindigkeit erreichen Sie ebenfalls mit dieser Tastaturschulung. Zuerst stellen Sie mit der Griffübung Ihre „blinde“ Griffsicherheit her. Diese Sicherheit wird mit Zweckwortübungen weiter gefestigt. In dieser Phase können Sie mit jeder Übung bereits Ihre Schreibgeschwindigkeit erhöhen. Die Zweckwortübungen sind schließlich in einen oder in zwei Übungssätze integriert. Jeden dieser Übungssätze geben Sie zuerst in mäßiger Geschwindigkeit ein. Fühlen Sie sich sicher in dieser Geschwindigkeit und im „Blindschreiben“, dann steigern Sie Ihre Geschwindigkeit mit jedem Satz.

Beachten Sie immer: Lesen und Texteingabe müssen in gleicher Geschwindigkeit erfolgen. Das gilt später auch für die Textformulierung mit gleichzeitiger Eingabe.

Wenn Sie sich das 10-Finger-Tastschreiben **neu erarbeiten,** nehmen Sie sich dafür mindestens 3 Wochen Zeit. Wenn Sie Vorkenntnisse haben und das Tastschreiben **wiederholen,** können Sie die Dauer auf 2 Wochen verkürzen.

Ich wünsche Ihnen für die intensive Tastaturneuerarbeitung oder die Tastaturwiederholung Ausdauer, Geduld und Spaß am Erfolg im „Blindschreiben“ und in der ständigen Erhöhung Ihrer Schreibgeschwindigkeit!

Ingeborg Lütcke

5.4 Zeitplan für die Tastaturbeherrschung

1. Woche Datum	Übungszeiten von – bis	Titel	Inhalt	Test Schreibtraining	Erfolgreich? Was macht noch Schwierigkeiten?
Montag		Vorbereitung Tastatur 1	Arbeitsempfehlungen – Computerschreiben Grundstellung Korrekturtaste Zeilenschaltung		
Dienstag		Tastatur 2 Tastatur 3	rechte Umschaltung linke Umschaltung		
Mittwoch		Tastatur 4	G/H und Komma/Punkt	Buchstabentest 6	
Donnerstag		Tastatur 5 Tastatur 6	E/I und R/U W/O – Q/P		
Freitag			Satzschnellschreiben bis Q/P	Schreibtraining 1	
Samstag		Tastatur 7	T/Z, V/M und B/N		
Sonntag			Schreibübungen – Griffe Tastatur 7	Buchstabentest 7	

2. Woche Datum	Übungszeiten von – bis	Titel	Inhalt	Test Schreibtraining	Erfolgreich? Was macht noch Schwierigkeiten?
Montag		Tastatur 8	C/X/Y und Mittestrich Textschreiben „Messe“ – Schnellschreiben	Schreibtraining 2	
Dienstag		Tastatur 9	Ä/Ü/ß		
Mittwoch			Text: Tastatur-Reise – Aufgaben	Buchstabentest 8 Schreibtraining 3	
Donnerstag			Tastatur-Reise – Textgestaltung	Schreibtraining 3	
Freitag			Tastatur-Reise – Textgestaltung	Lösungsvorschlag	
Samstag			10-Min.-Abschrift „Messe“ – Training 2		
Sonntag		Tastatur 10	Ziffern und Zeichen Grundgriffe und Lage „blind“ einprägen	Ziffern-Zeichen-Test 9	

3. Woche Datum	Übungszeiten von – bis	Titel	Inhalt	Test Schreibtraining	Erfolgreich? Was macht noch Schwierigkeiten?
Montag		Vorbereitung Tastatur 10	Übersicht Schreibregeln zu DIN 5008 Blatt 1 DIN-Schreibweisen zu Ziffern und Zeichen		
Dienstag		Tastatur 10	Blatt 2 DIN-Schreibweisen zu Ziffern und Zeichen		
Mittwoch		Tastatur 10	Blatt 3 DIN-Schreibweisen zu Ziffern und Zeichen		
Donnerstag		Vorbereitung Schnellschreibtext	Empfehlungen zum Schnellschreiben Text: „Ein Besuch in Schleswig an der Schlei“	Schreibtraining 4	
Freitag		Schnellschreibtext	Text: „Insel Lindau – die Altstadtperle im Bodensee“	Schreibtraining 5	
Samstag		Vorbereitung Textgestaltung	Möglichkeiten – Textgestaltung DIN 5008 „Ein Besuch in Schleswig an der Schlei“	Lösungsvorschlag	
Sonntag		Textgestaltung	„Insel Lindau – die Altstadtperle im Bodensee“	Lösungsvorschlag	

Bemerkung: Dieser Zeitplan ist die schnellste Möglichkeit, das „Blindschreiben“ zu erlernen, neu einzuüben oder zu vertiefen. Je nach Bedarf kann der Zeitplan ausgedehnt werden.

5.5 Herstellen der Schreibbereitschaft am Arbeitsplatz

Richtiges Sitzen in unterschiedlichen Arbeitsphasen sorgt für entspanntes Arbeiten.

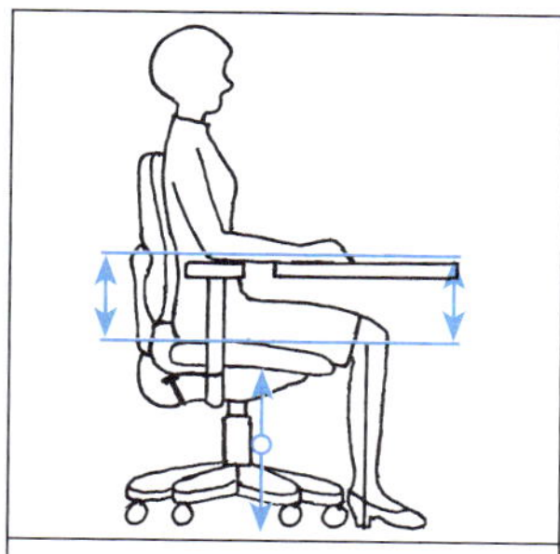	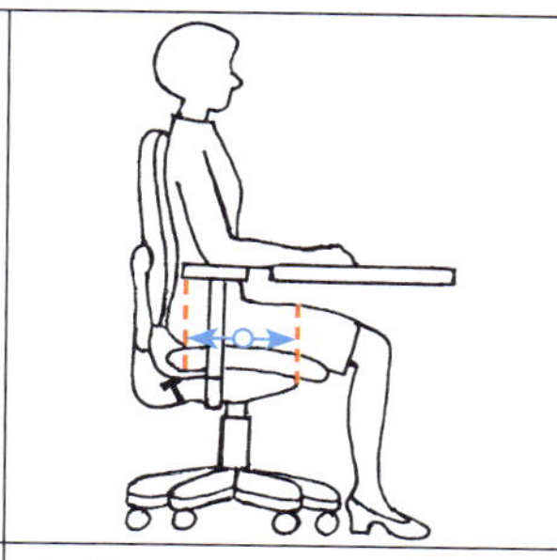	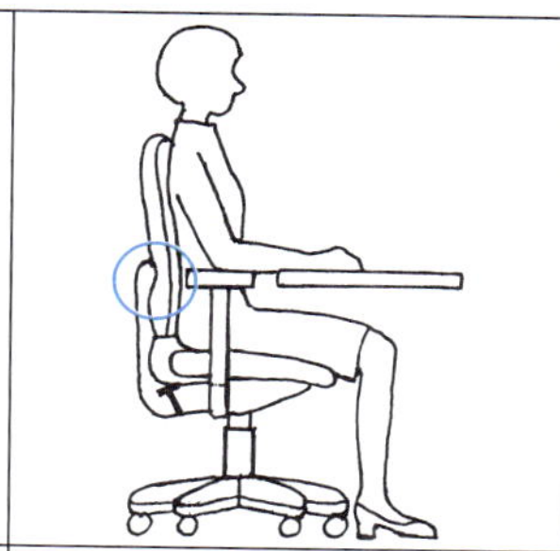	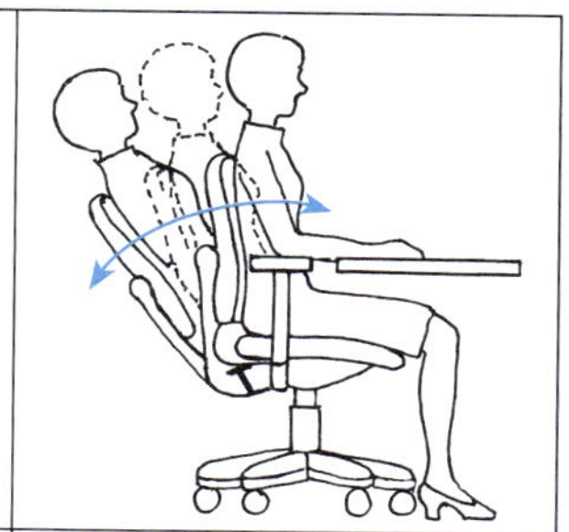
1. Sitzhöhe einstellen. 2. Beine im 90-Grad-Winkel anwinkeln. 3. Füße stehen auf dem Boden oder Ausgleich mit einer Fußstütze.	4. Sitzfläche ganz einnehmen.	5. Rückenlehne so anpassen, dass Ihr Rücken gut abgestützt wird.	Entspanntes Sitzen wird immer an die gerade auszuführende Tätigkeit (Schreiben, Lesen, Telefonieren) angepasst.

6. Die Tastatur schließt mit der Tischkante ab.
   Die Zeigefinger links auf **F** und rechts auf **J** fühlen jeweils die Einkerbung.
   Mit diesen Stützfingern wird die Grundstellung gehalten.

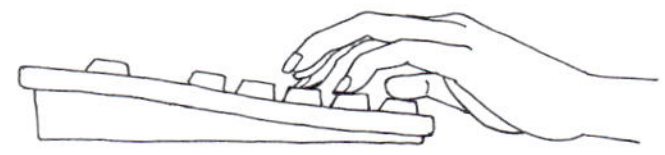

7. Der Vorlagenhalter unterstützt Sie beim mühelosen Übertragen von Ihrer Vorlage.

Die Anforderungen der „Ergonomie am Arbeitsplatz" kennen Sie aus dem Fachunterricht.

Die Punkte 1 bis 7 und die Abbildungen sollen Sie immer daran erinnern, als Erstes Ihre Arbeitsbereitschaft herzustellen!

Bearbeiten Sie jede Lektion dieses Lehrgangs in der empfohlenen Reihenfolge:

- Stellen Sie vor jedem Arbeitsbeginn mit dem Computer Ihre Arbeitsbereitschaft her. Im Laufe des Lehrgangs wird das für Sie zur gewohnten Selbstverständlichkeit, wie auch das entspannte „Blindschreiben".
- Schreiben Sie sich zum Beginn locker und konzentriert mit dem Schnellschreibsatz der von Ihnen zuletzt bearbeiteten Lektion ein. Dieses Einschreiben bestätigt Ihnen: **Bis hierher** beherrschen Sie das 10-Finger-„Blindschreiben".
- Das ist die Motivation für Sie, sich anschließend die nächste Lektion zu erarbeiten.
- Ertasten Sie jeden neuen Griff auf der Tastatur zuerst „blind". Dabei werden Sie vom jeweiligen Tastaturbild und den Richtungspfeilen visuell unterstützt.
- Dann beginnen Sie mit den vorgegebenen Griff-, Wort-, Wendungs- und Satzübungen. Sie selbst entscheiden, ob Sie zur Stärkung Ihrer Griffsicherheit mehr von den vorgegebenen Übungen der jeweiligen Lektion schreiben.
- Ihr Blick bleibt dabei auf Ihrer Vorlage, denn nur „Blindschreiben" ist bewertbar.
- Sollten Sie mehr Zeit als im Zeitplan vorgegeben für eine der Lektionen benötigen, halten Sie das fest. Diese Entscheidung treffen Sie selbst, denn sicheres „Blindschreiben" geht zunächst vor Schnelligkeit.

5.6 Arbeitsempfehlungen für Ihr zukünftiges Arbeiten zu Tastatur 1–10

1. Starten Sie Ihren Computer.
2. Öffnen Sie Ihr Schreibprogramm, z. B. Microsoft Word.
3. Richten Sie Ihre Seite ein: Seitenrand links 2,5 cm; Seitenrand rechts 1,5 cm.
4. Bestimmen Sie Schriftart und Schriftgröße:
   - Schriftart: `Courier News` (Nicht proportionale Schrift, alle Buchstaben haben gleich viel Platz.)
   - Schriftgröße: 12 (Diese Schriftgröße erleichtert Ihnen die Korrektur Ihrer Übungen.)
5. Speichern Sie Ihr Dokument ab. Legen Sie dazu einen neuen Ordner mit dem Namen „Tastatur 1" an.

Lassen Sie die **nicht druckbaren Zeichen** grundsätzlich **anzeigen.** Sie dienen als Orientierungshilfe.

Schreiben Sie immer „blind“ mit einem ruhigen und gleichmäßigen Anschlag. Sie erleben dabei gleichzeitig die Gefühlsschulung für Ihre Finger.

Ihre Übungen in der Grundstellung *ohne Umschaltung* sollten wie folgt aussehen:
(Achtung: Schreiben Sie die folgenden Übungszeilen **nicht** ab. Sie dienen hier nur dazu, die Arbeitsempfehlungen auf der Randspalte zu illustrieren.)

Führen Sie die Zeilenschaltung (Enter-Taste) immer „blind“ aus.

Markieren Sie Fehler nach dem Ausdruck in Rot.

```
fff fff fff fff fff fff fff fff fff fff
jjj jjj jjj jjj jjj jjj jjj jjj jjj jjj
ddd ddd ddd ddd ddd ddd ddd ddd ddd ddd
kkk kkk kkk kkk kkk kkk kkk kkk kkk kkk
sss sss sdd sss dss sss sss sss sss sss
lll lll lll kll lkk lll lll lll lll lll
aaa aaa aaa aaa aaa aaa aaa aaa aaa aaa
ööö ööö ööö ööö ööö ööö ööö ööö ööö ööö
```

Linke und rechte Hand im Wechsel.
Stützfinger auf „F“ und „J“ halten Tastenkontakt, damit die Grundstellung nicht verloren geht.

```
aöaöa aöaöa aöaöa aöaöa aöaöa aöaöa aöaöa aöaöa
slsls slsls slsls slsls slsls slsls slsls slsls
dkdkd dkdkd dkdkd dkdkd dkdkd dkdkd dkdkd dkdkd
fjfjf fjfjf fjfjf fjfjf fjfjf fjfjf fjfjf fjfjf

asdf jklö ölkj fdsa asdf jklö ölkj fdsa
asdf jklö ölkj fdsa asdf jklö ölkj fdsa
asdf jklö ölkj fdsa asdf jklö ölkj fdsa
```

„Blindes“ Schreiben mit acht Buchstaben im Wechsel.

Achten Sie auf einen gleichmäßigen Anschlag.

Vergleichen Sie Ihre späteren eigenen Übungen zu Tastatur 1 bis 10 mit diesen Arbeitsempfehlungen.

```
all all all all all all all all all all
lad lad öad lad lad öla lad lad lad lad
lös lös lös lös lös lös lös löd lös lös
das das das das das das das sad das das
falls falld falls falls falls falls falls
fad fad fad fad fad fad fad fad fad fad
kaj kaj kaj kaj kaj kaj kaj kaj kaj kaj
ja da öd ja da öd ja da öd ja da öd ja da öd

ja das las kaj ja das las kaj ja das las kaj
ja das las kaj ja das las kaj ja das las kaj

lös das kajak lös das kajak lös das kajak lös das kajak
lös das kajak lös das kajak lös das kajak lös das kajak

falls alf das las falls alf das las falls alf das las
falls alf das las falls alf das las falls alf das las

ja das las kaj lös das kajak falls alf das las
ja das las kaj lös das kajak falls alf das las
ja das las kaj lös das kajak falls alf das las
```

Nach der Übung:

1. Speichern Sie Ihr Dokument ab.
2. Drucken Sie Ihre Ergebnisse aus.
3. Markieren Sie die Fehler.
4. Stellen Sie fest: Welcher Griff muss noch besser im Gedächtnis verankert werden?
5. Jedes fehlerhafte Wort üben Sie noch einmal eine Zeile lang. Achten Sie dabei immer auf einen gleichmäßigen Schreibanschlag.

6 Kurzlehrgang Tastaturschreiben

Tastatur 1: „Blindes" Ertasten der Grundstellung und Schreiben in der Grundstellung

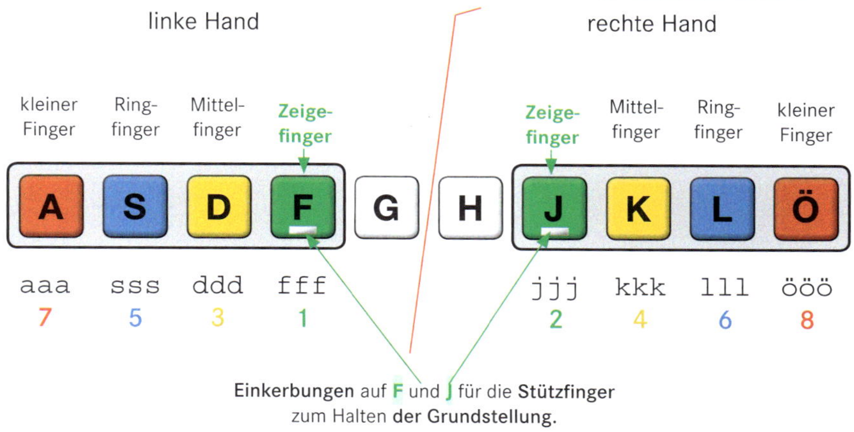

Schreiben Sie von jeder Buchstabenfolge **eine halbe Zeile** „blind". Gehen Sie in der Reihenfolge 1–8 vor. Setzen Sie zwischen jede Buchstabenfolge **einen Leerschritt.** Prägen Sie sich die Lage der Buchstaben „blind" ein.

Griffübungen:

1 fff fff fff fff fff fff fff fff fff

2 jjj jjj jjj jjj jjj jjj jjj jjj jjj usw.

„Blindes" Bedienen der Zeilenschaltung und Korrekturtaste

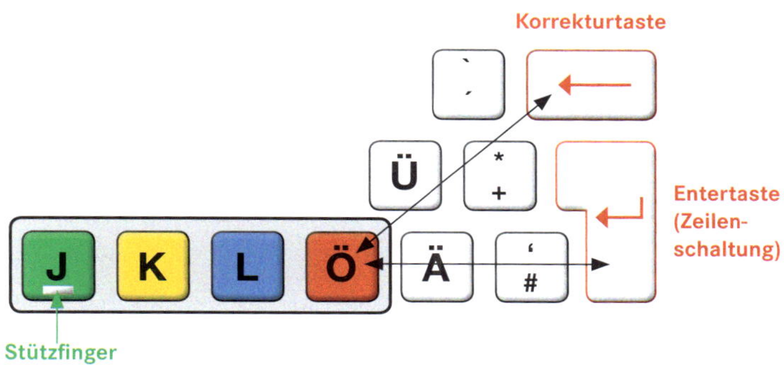

Schreiben Sie **die folgende Zeile** „blind" mit den acht Buchstaben der Grundstellung 3-mal untereinander.

Griffübungen: aöaö▼slsl dkdk fjfj asdf jklö ölkj fdsa

Schreiben Sie **jedes der folgenden Wörter eine Zeile lang.** Führen Sie die **Zeilenschaltung** „blind" aus. Die **Stützfinger** sind auf F und J.

Wörter: all▼lad lös das falls saal fad kajak ja öl

Schreiben Sie die folgende Zeile 3-mal untereinander und erhöhen Sie dabei die Schreibgeschwindigkeit. **Die Stützfinger bleiben auf F und J.**

Wendungen: ja das las kaj▼▼lös das kajak▼▼falls alf das las

Zwischen den Wendungen machen Sie zwei Leerschritte – hier durch zwei Pfeile dargestellt. (Der Griff zum Komma erfolgt später.)

Tastatur 2: Linke Hand schreibt, rechte Hand schaltet um

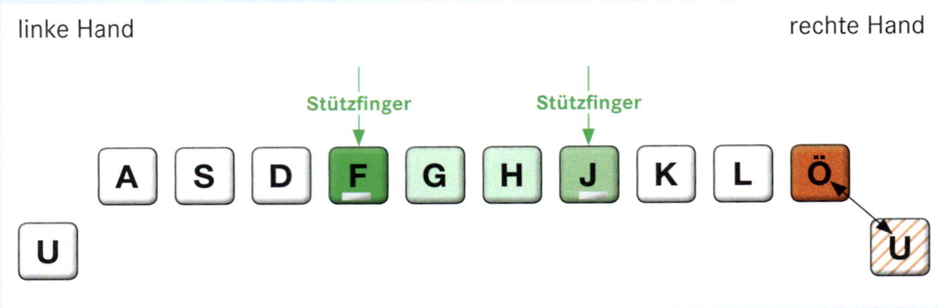

Langsam schreiben!	*um*	= Umschaltung drücken – kleiner Finger rechts
Exakt umschalten!	*los*	= Umschaltung loslassen
	leer	= Leertaste drücken

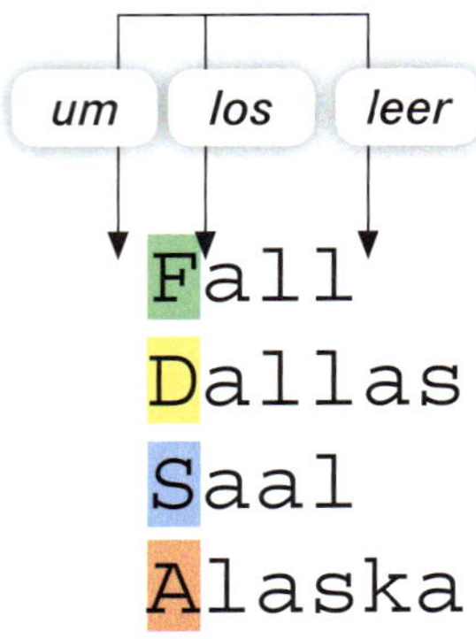

Schreiben Sie die folgenden Wortübungen und Sätze „blind“ mit allen acht Buchstaben der Grundstellung. Die **Stützfinger bleiben auf F und J**. Steigern Sie bei jeder Wiederholung die Schreibgeschwindigkeit.

Rechte Umschaltung

Schreiben Sie die folgende Zeile 3-mal untereinander.

Wortübungen: `Fall Fall Dallas Dallas Saal Saal Alaska Alf`

Schreiben Sie die folgenden Zeilen jeweils 3-mal untereinander.

Sätze:

```
Falls Alf das las↓↓Falls Alf das las↓↓
Dallas las Alf↓↓Dallas las Alf↓↓
Alaska las Falk↓↓Alaska las Falk↓↓
```

Zwischen den Sätzen machen Sie zwei Leerschritte – hier durch zwei Pfeile dargestellt. (Der Griff zum Punkt erfolgt bei „Tastatur 4“.)

Tastatur 3: Rechte Hand schreibt, linke Hand schaltet um

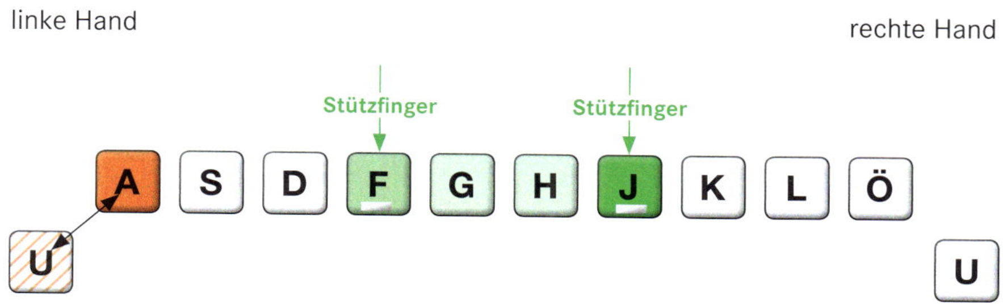

Langsam schreiben!	*um*	= Umschaltung drücken – kleiner Finger links
Exakt umschalten!	*los*	= Umschaltung loslassen
	leer	= Leertaste drücken

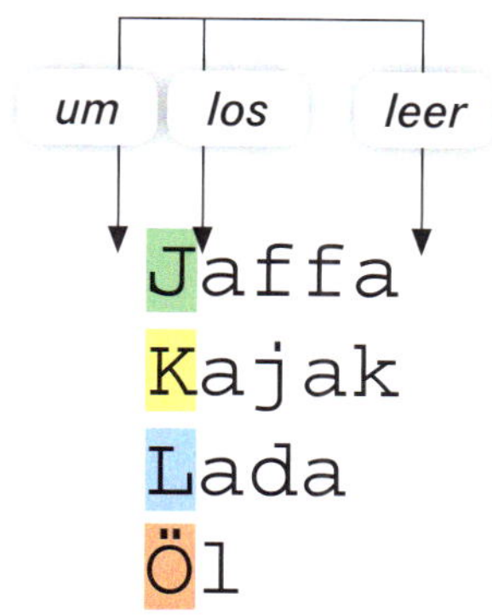

Schreiben Sie die folgenden Wortübungen und Sätze „blind" mit allen acht Buchstaben der Grundstellung. Die **Stützfinger bleiben auf F und J**. Steigern Sie bei jeder Wiederholung die Schreibgeschwindigkeit.

Linke Umschaltung

Schreiben Sie die folgende Zeile 3-mal untereinander.

Wortübungen: `Jaffa Jaffa Kajak Kajak Lada Lada Öl Öl`

Linke und rechte Umschaltung im Wechsel

Schreiben Sie die folgende Zeile 3-mal untereinander.

Wortübungen: `Fall Jaffa Dallas Kajak Saal Lada Alaska Öl`

Schreiben Sie die folgenden Zeilen jeweils 3-mal untereinander.

Sätze:

Alf lad das Öl↓↓Alf lad das Öl↓↓

Falk las Jaffa↓↓Falk las Jaffa↓↓

Kaj las Dallas↓↓Kaj las Dallas↓↓Lös das Kajak↓↓

All das Öl Alaskas↓↓All das Öl Alaskas↓↓

Zwischen den Sätzen machen Sie zwei Leerschritte – hier durch zwei Pfeile dargestellt. (Der Griff zum Punkt erfolgt bei „Tastatur 4".)

Tastatur 4: G/H und Komma/Punkt

Tasten Sie die Griffe „blind“ vor.

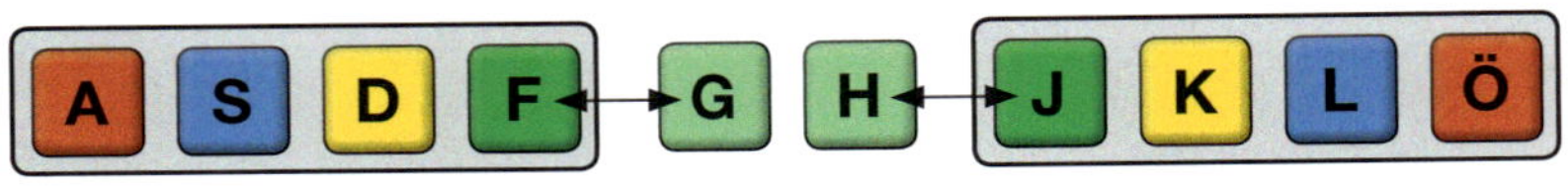

1. Beim Griff zu „G“ und „H“ verlassen Sie die Grundstellung.
2. Kehren Sie dann sofort zur Grundstellung zurück.
3. Schreiben Sie von der Vorlage – **ohne** Tastatursicht!

Grundstellung mit G und H

Griffübungen: `fgfa fgfs fgfd jhjö jhjl jhjk`

Schreiben Sie jedes Wort eine Zeile lang.

Wortübungen:

```
lag
sag
Glas
sah
half
kahl
Haff
```

Grundstellung mit Komma und Punkt (die ersten Satzzeichen)

Komma und Punkt liegen in der Unterreihe.

Schreiben Sie jede Zeile 2-mal.

Griffübungen: `k,kj k,kl k,kö l.lj l.lk l.lö`

Machen Sie nach dem Punkt oder Komma einen Leerschritt.

Wortübungen: `Kalk, Kalk, Saal. Saal. Kajak, Kajak, Fall. Fall.`

Wendungen: `sag ja, das half, das Glas, Das Jagdglas lag da.`

Erste Sätze und anschließende Schnellschreibübung

```
Kaj sah das Jagdglas. Das Haff lag da. Aha, Alf sah das Kajak.
Falk half Kaj. Alf sah das Kajak. Falk half Kaj. Das sah Alf.
```

Kennen Sie die genaue Lage der bisherigen Buchstaben auswendig auf der Tastatur? Testen Sie sich auf der nächsten Seite.

Test 6: Buchstabentest bis G/H und Komma/Punkt

1. Ordnen Sie die Buchstaben und Zeichen der jeweils richtigen Griffhand zu.
2. Schreiben Sie den Buchstaben der Grundstellung dazu, von dem Sie entweder in die Ober- oder die Unterreihe greifen.
3. Sofern die linke oder rechte Umschaltung benötigt wird, tragen Sie ein „X“ ein.

Tastatur

linke Hand | rechte Hand

	linke Hand					rechte Hand				
Buchstabe	Umschaltung	kleiner Finger	Ringfinger	Mittelfinger	Zeigefinger	Zeigefinger	Mittelfinger	Ringfinger	kleiner Finger	Umschaltung
d										
l										
S										
j										
A										
Ö										
h										
F										
k										
G										
a										
,										
ö										
s										
j										
.										
d										
g										
,										
L										
.										
H										
,										
K										

Vergleichen Sie Ihre Lösungen mit den Lösungen in Teil C.

Tastatur 5: E/I und R/U

Tasten Sie die Griffe „blind“ vor.

Grundstellung mit E und I (Oberreihe)

Schreiben Sie jede Zeile 3-mal untereinander.

Grifübungen:	deda kikö deds kikl dedf kikj
Wortübungen:	des jede Ski Silke Kiel Keil

Üben Sie die markierten Wörter zuerst 5-mal vor. Schreiben Sie dann jeden Satz 3-mal untereinander und erhöhen Sie dabei die Schreibgeschwindigkeit.

Schnellschreiben:	Silke gefiel die helle Seide des Kleides. Ilse lieh Lisa das Kleid.

Grundstellung mit R und U (Oberreihe)

Schreiben Sie jede Zeile 3-mal untereinander.

Grifübungen:	frfa jujö frfs jujl frfd jujk
Wortübungen:	Friede Riff Juli Dauer Freude

Üben Sie die markierten Wörter zuerst 5-mal vor. Schreiben Sie dann jeden Satz 3-mal untereinander und erhöhen Sie dabei die Schreibgeschwindigkeit.

Schnellschreiben:	Gerhard gefiel die Ausdauer der Ruderer auf der Kieler Förde.
	Jeder sah die Freude der Kajakfahrer auf der Kieler Förde.

Tastatur 6: W/O und Q/P

Tasten Sie die Griffe „blind“ vor.

Grundstellung mit W und O (Oberreihe)

Schreiben Sie jede Zeile 3-mal untereinander.

Griffübungen: swsa lolö swsd lolk swsf lolj

Wortübungen: Wasser Weser Lose Wolle Gold

Üben Sie die markierten Wörter zuerst 5-mal vor. Schreiben Sie dann jeden Satz 3-mal untereinander und erhöhen Sie dabei die Schreibgeschwindigkeit.

Schnellschreiben: Wo war der rote Lederkoffer. Wer sah Olgas rosa Wollkleid.

Das Wasser des Waldsees war sehr klar. Jo sah die Seerose.

Grundstellung mit Q und P (Oberreihe)

Schreiben Sie jede Zeile 3-mal untereinander.

Griffübungen: swsa lolö swsd lolk swsf lolj

Wortübungen: Aquarell Qualle Köpfe Körper

Üben Sie die markierten Wörter zuerst 5-mal vor. Schreiben Sie dann jeden Satz 3-mal untereinander und erhöhen Sie dabei die Schreibgeschwindigkeit.

Schnellschreiben: Pierre gefiel Paulas Aquarell auf rosa Papier sehr.

Udo Querkopf pfiff das Spiel der Presseelf auf der Wiese.

Schreibtraining 1:
Zeilenschreiben mit den bisherigen Buchstaben bis Q/P

Training zur Erhöhung der Schreibsicherheit und -geschwindigkeit

Mit der wiederholenden Schreibübung der bekannten Sätze zur Buchstabeneinführung testen Sie Ihre Griffsicherheit in verschiedenen Geschwindigkeitsstufen. Hinweise zur Bewertung finden Sie auf der folgenden Seite.

1. Schreiben Sie jeden Satz zunächst in mäßiger, gleichbleibender Geschwindigkeit. Mit jedem neuen Schreiben dieses Satzes steigern Sie dann Ihre Schreibfertigkeit.
2. Drucken Sie Ihre Arbeit aus.
3. Mit einem Markierungsstift nehmen Sie anschließend die Fehlerkorrektur vor.
4. Machen Sie eine Fehleranalyse und unterscheiden Sie zwischen: Grundstellung verloren? Griffunsicherheit? Grifflage (links oder rechts) verwechselt oder gedreht? Fehlen Buchstaben oder Wortteile? (Das bedeutet: Lesen und Schreiben bilden keine Einheit!)
5. Üben Sie nach der Auswertung jedes fehlerhafte Wort **bewusst** eine Zeile, damit sich Ihre Griffsicherheit verbessert. Auf diese Weise können Sie Ihre Fehler sofort in den Griff bekommen.

Beachten Sie:
Lesen und Eingabegeschwindigkeit müssen immer eine Einheit bilden!

Grund-stellung +	
G/H und Komma/Punkt	Kaj sah das Jagdglas. Das Haff lag da. Aha, Alf sah das Kajak.
E/I	Silke gefiel die helle Seide des Kleides. Ilse lieh Lisa das Kleid.
R/U	Gerhard gefiel die Ausdauer der Ruderer auf der Kieler Förde.
W/O	Wo war der lila Lederkoffer. Wer sah Olgas rosa Wollkleid.
Q/P	Pierre gefiel Paulas Aquarell auf rosa Papier sehr.

6. Schreiben Sie zum Abschluss 10 Minuten lang die fünf Zeilen nacheinander (1-zeiliger Abstand).
7. Nehmen Sie nach der letzten Zeile eine Absatzschaltung vor (2-mal die Return-Taste drücken).
8. Nehmen Sie Korrekturen vor.

1-zeilig schreiben	= Strg-Taste + 1 drücken
1 1/2-zeilig schreiben	= Strg-Taste + 5 drücken
2-zeilig schreiben	= Strg-Taste + 2 drücken

Bewertungstabelle für 10-Minuten-Abschriften

Note	6 nicht genügend	5 mangelhaft	4 ausreichend	3 befriedigend	2 gut	1 sehr gut
Fehler %	über 1	0,501 - 1	0,331 - 0,5	0,191 - 0,33	0,081 - 0,19	0 - 0,8

Fehler	Anschläge					
0						
1	- 99	100 - 199	200 - 303	304 - 526	527 - 1249	ab 1250 -
2	- 199	200 - 399	400 - 606	607 - 1052	1053 - 2499	ab 2500 -
3	- 299	300 - 599	600 - 909	910 - 1578	1579 - 3749	ab 3750 -
4	- 399	400 - 799	800 - 1212	1213 - 2105	2106 - 4999	ab 5000 -
5	- 499	500 - 999	1000 - 1515	1516 - 2631	2632 - 6249	ab 6250 -
6	- 599	600 - 1199	1200 - 1818	1819 - 3157	3158 - 7499	ab 7500 -
7	- 699	700 - 1399	1400 - 2121	2122 - 3684	3685 - 8749	ab 8750 -
8	- 799	800 - 1599	1600 - 2424	2425 - 4210	ab 4211	
9	- 899	900 - 1799	1800 - 2727	2728 - 4736	ab 4737	
10	- 999	1000 - 1999	2000 - 3030	3031 - 5263	ab 5264	
11	- 1099	1100 - 2199	2200 - 3333	3334 - 5789	ab 5790	
12	- 1199	1200 - 2399	2400 - 3636	3637 - 6315	ab 6316	
13	- 1299	1300 - 2599	2600 - 3939	3940 - 6842	ab 6843	
14	- 1399	1400 - 2799	2800 - 4242	4243 - 7368	ab 7369	
15	- 1499	1500 - 2999	3000 - 4545	4546 - 7894	ab 7895	
16	- 1599	1600 - 3199	3200 - 4848	4849 - 8421	ab 8422	
17	- 1699	1700 - 3399	3400 - 5151	5152 -		
18	- 1799	1800 - 3599	3600 - 5454	5455 -		
19	- 1899	1900 - 3799	3800 - 5757	5758 -		
20	- 1999	2000 - 3999	4000 - 6060	6061 -		

Bewertungsbeispiel zum Schreibtraining 1:

```
Kaj sah das Jagdflas. Das Haff lag da. Aha, Alf sah das Kajak.
Silke gefiel die helle Seide des Kleides. Ilse lieh Lisa das Kleid.
Gerhard gefiel die Ausdauer der Ruderer auf der Kieler Förde.
Wo war der lila Lederkoffer. Wer sah Olgas rosa Wollkleid.
Piere gefiel Paulas Aquarell auf rosa Papier sehr.

Kaj sah das Jagdglas. Das Haff lag da. Aha, Alf sah das Kajak.
Silke gefiel die helle Siede des Kleides. Ilse lieh Lisa das Kleid.
Gerhard gefiel die Ausdauer der Ruderer auf der Kieler Förde.
Wo war der lila Lederkoffer. Wer sah Olgas rosa Wollkleid.
Piere gefiel Paulas Aquarell auf rosa Papier sehr.

Kaj sah das Jagdglas. Das Haff lag da. Aha, Alf sah das Kajak.
Silke gefiel die helle Seide des Kleides. Ilse lieh Lisa das Kleid.
```

1. Sie haben in der abschließenden 10-Min.-Abschrift beim Schreibtraining 1 z. B. zwei volle Absätze und zwei Zeilen im dritten Absatz geschrieben.
2. Ermitteln Sie nun die „Zeichenanzahl mit Leerschritten“ = Anschlagszahl = 725 Zeichen
3. Ihr Korrekturlesen ergab: 2 Fehler
4. Ihre ermittelte Bewertung: Note 3 = befriedigend

Berechnung in Fehlerprozenten:

$$\frac{2\ \text{Fehler} \cdot 100}{725\ \text{Anschläge}} = 0{,}27\ \% = \text{Note 3 = befriedigend}$$

Sie sehen, mit beiden Berechnungsarten wird das gleiche Ergebnis erreicht.

Sie können sich für eine der Berechnungsarten entscheiden.

Tastatur 7: T/Z und V/M und B/N

Tasten Sie die Griffe „blind“ vor.

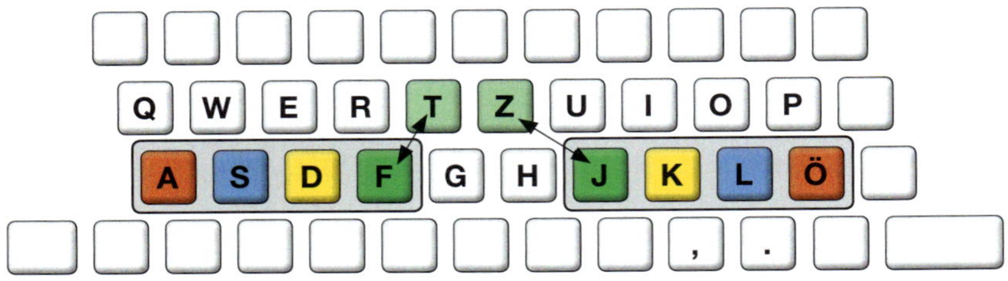

Grundstellung mit T und Z (Oberreihe)

Schreiben Sie jede Zeile 3-mal untereinander.

Griffübungen:	ftfa jzjö ftfs jzjl ftfd jzjk
Wortübungen:	Heft Saft Taft Jazz kurz jetzt

Üben Sie die markierten Wörter zuerst 5-mal vor. Schreiben Sie dann jeden Satz 3-mal untereinander und erhöhen Sie dabei die Schreibgeschwindigkeit.

Schnellschreiben:	Es steht jetzt fest, dass Jörg die Zusage zur Jazzfreizeit hat. Die Werkstatt hatte kurzfristig das Auto des Fahrers repariert.

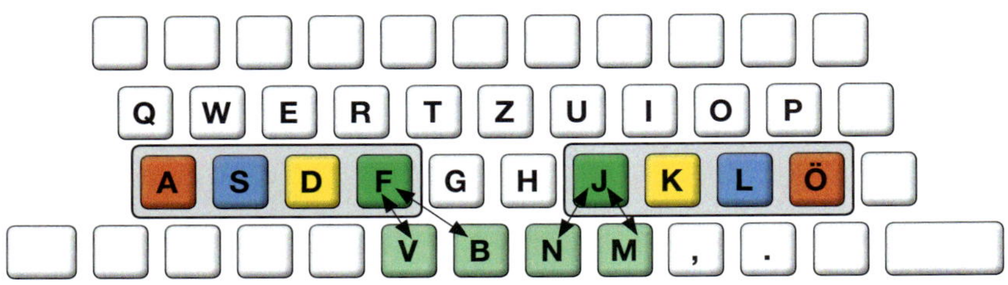

Grundstellung mit V und M (Unterreihe)

Schreiben Sie jede Zeile 3-mal untereinander.

Griffübungen:	fvfa jmjö fvfs jmjl fvfd jmjk
Wortübungen:	Jammer, Maja, verfolge, Verkehr

Üben Sie die markierten Wörter zuerst 5-mal vor. Schreiben Sie dann jeden Satz 3-mal untereinander und erhöhen Sie dabei die Schreibgeschwindigkeit.

Schnellschreiben:	Aufmerksam verfolgte Maja die Verkehrslage auf dem Marktplatz.

Grundstellung mit B und N (Unterreihe)

Griffübungen:	fbfa jnjö fbfs jnjl fbfd jnjk
Wortübungen:	Februar Fabrik Januar Jahn Jena
Schnellschreiben:	Besseres Können bietet Ihnen einen Arbeitsplatz mit mehr Verdienst.
gesamte Innengriffe:	frftfgfvfbf jujzjhjmjnj
Schnellschreiben:	Laut Vertrag zahlen Sie diesen Betrag mit beigeleg-ter Zahlkarte.

Test 7: Buchstabentest bis B/N

1. Ordnen Sie die Buchstaben und Zeichen der jeweils richtigen Griffhand zu.
2. Schreiben Sie den Buchstaben der Grundstellung dazu, von dem Sie entweder in die Ober- oder die Unterreihe greifen.
3. Sofern die linke oder rechte Umschaltung benötigt wird, tragen Sie ein „X“ ein.

Tastatur

	linke Hand					rechte Hand				
Buchstabe	Umschaltung	kleiner Finger	Ringfinger	Mittelfinger	Zeigefinger	Zeigefinger	Mittelfinger	Ringfinger	kleiner Finger	Umschaltung
Q										
M										
r										
O										
i										
Z										
,										
V										
T										
H										
P										
W										
U										
n										
G										
.										
B										
E										
,										
R										
w										
I										
p										
q										

Vergleichen Sie Ihre Lösungen mit den Lösungen in Teil C.

Tastatur 8: C/X/Y und Mittestrich

Tasten Sie die Griffe „blind“ vor.

Mittestrich = Silbentrennung
Gedankenstrich

Grundstellung mit C und Semikolon (Unterreihe)

Schreiben Sie jede Zeile 3-mal untereinander.

Griffübungen:	dcda dcds dcdf k,k;k k,k;k
Wortübungen:	Decke Dach Chor christlich

Üben Sie die markierten Wörter zuerst 5-mal vor. Schreiben Sie dann jeden Satz 3-mal untereinander und erhöhen Sie dabei die Schreibgeschwindigkeit.

Schnellschreiben:	Christina möchte ihre Briefe gerne mit dem Computer schreiben; sie hat immer viel Post zu beantworten. Bald wird sie es gelernt haben; sie freut sich auf diese Erleichterung.

Grundstellung mit X und Y (Unterreihe)

Schreiben Sie jede Zeile 3-mal untereinander.

Griffübungen:	sxsa l.lö sxsd l.lk sxsf l.lj
	ayaf l.lö ayad l.lk ayas l.lj
Wortübungen:	Saxophon Mexiko Texte Taxi
	Ayuveda Yade Yoga Nylon
Schnellschreiben:	Felix wurde in Cuxhaven im Boxen von dem Mexikaner besiegt.
	Die Firma Bayer wird eine Analyse des Nylongewebes vornehmen.

Grundstellung und Mittestrich (Unterreihe)

Schreiben Sie jede Zeile 3-mal untereinander.

Griffübungen:	ayaf ö-öj sxsa ö-ök ayad ö-öl
Wortübungen:	lö- sen, Adenauer-Allee, (Silbentrennungsstrich ↓ bei „lö-“; Bindestrich ↓ bei „Adenauer-Allee“)

Üben Sie die markierten Wörter zuerst 5-mal vor. Schreiben Sie dann jeden Satz 3-mal untereinander und erhöhen Sie dabei die Schreibgeschwindigkeit.

Schnellschreiben:	Dieses Notebook ist mit einer 600-GB-Festplatte ausgestattet.
	Der Supermarkt bietet preiswerte Balkon- und Gartenpflanzen an. (Ergänzungsstrich ↓ bei „Balkon-“)
	Solche Produkte – besonders aus der Schweiz – sind sehr begehrt. (Gedankenstrich ↓)

Vor und nach dem Gedankenstrich machen Sie ein **Leerzeichen.**

Schreibtraining 2: Erstes Textschreiben mit den bisherigen Buchstaben bis B, N und C

Reinschrift:

1. Üben Sie zuerst die markierten Wörter zum Text. (Schreiben Sie lange Wörter gleichmäßig.)
2. Anschließend geben Sie langsam – ohne sich von der Vorlage zu lösen – den Text ein. Bedienen Sie die Zeilenschaltung und die Korrekturtaste immer „blind".
3. Fehlerkorrektur:
   - Drucken Sie Ihren Text zuerst aus, **ohne vorher die Fehler zu korrigieren.**
   - Markieren Sie anschließend Ihre Fehler. Üben Sie jedes fehlerhafte Wort eine Zeile lang.
   - Speichern Sie den Text unter dem Dokumentnamen „Messe" in Ihren Ordner „Tastatur 1". Für eine 10-Minuten-Abschrift (Schnellschreiben) ist dieser Text jetzt gut vorbereitet.

```
Stuttgarter Messe

Viele Messebesucher melden sich am zentralen Informationsstand.
Sie hoffen, dort die Adressen von Vermietern zu bekommen, die noch
Einzelzimmer anzubieten haben. Die Messe zieht nicht nur

die Kaufleute in ihren Bann, auch Urlauber sehen sich hier mit
Interesse um. Auf der Stuttgarter Messe gibt es in jedem Jahr die
Neuheiten der verschiedensten Hersteller zu sehen. Die Besucher

werden so auf den neuesten Entwicklungsstand gebracht. In erster
Linie kommen zahlreiche Mitarbeiter bekannter Firmen zu dieser
sehr bedeutenden Messe. Beachtliches Interesse gilt vor allem der

Baumaschinenbranche. In erstaunlich kurzer Zeit reagieren die
Unternehmen auf die neuen Bedingungen des Marktes. Immer mehr
Interessenten kommen auch aus den östlichen Regionen.
```

Absatz: 2-mal „Enter" drücken!

4. **10-Minuten-Abschrift**

   Abschrift vorbereiten:
   - Stellen Sie für die Schreibzeit zuerst 5 Minuten auf der Stoppuhr Ihres Handys ein.
   - Schreiben Sie den Text, ohne abzusetzen, bis zum Stoppsignal. – Lesen Sie den Text Korrektur.
   - Nun stellen Sie die Uhr wieder auf 5 Minuten ein.
   - Schreiben Sie den restlichen Text und beginnen Sie den Text wieder von vorne bis zum Stoppsignal.
   - Lesen Sie den Text Korrektur.
   - **Pause.**

   Schnellschreiben:
   - Schreiben Sie wie vorher, jedoch **10 Minuten – ohne abzusetzen.** Wenn Sie in dieser Zeit an das Textende kommen, beginnen Sie den Text von vorne und schreiben Sie weiter bis zum Stoppsignal.
   - Dann ermitteln Sie die Anschläge (→ Extras → Wörter zählen → Zeichen).
   - Die Bewertungstabelle finden Sie auf S. 33.

Wählen Sie für den folgenden Text einen 1-zeiligen Zeilenabstand.

Schreiben Sie beim Schnellschreiben immer nur den Text – **ohne** Überschrift.

Tastatur 9: Ä/Ü/ß

Tasten Sie die Griffe „blind“ vor.

Grundstellung mit Ä (Grundreihe), Ü (Oberreihe) und ß (Ziffern- und Zeichenreihe)

Schreiben Sie jede Zeile 3-mal untereinander.

Griffübungen zu Ä:	`öäöl öäök öäöj öäöf öäöd öäös öäöa`
Wortübungen:	`Föhre, Fähre, Hand Hände; Kauf Käufe; hat hätte; Qualität`

Üben Sie die markierten Wörter zuerst 5-mal vor. Schreiben Sie dann den Satz 3-mal untereinander und erhöhen Sie dabei die Schreibgeschwindigkeit.

Schnellschreiben:	Die Qualität unserer Präparate wird ständig genau kontrolliert.

Schreiben Sie jede Zeile 3-mal untereinander.

Griffübungen zu Ü:	`öüöl öüök öüöj öüöf öüöd öüös öüöa`
Wortübungen:	`Föhre, Fähre, Füller, Hut Hüte; wurde würde; müssen müsste;`

Üben Sie die markierten Wörter zuerst 5-mal vor. Schreiben Sie dann den Satz 3-mal untereinander und erhöhen Sie dabei die Schreibgeschwindigkeit.

Schnellschreiben:	Die Verfügung ist ungültig; Ihre Ansprüche werden wir überprüfen.

Schreiben Sie jede Zeile 3-mal untereinander.

Griffübungen zu ß:	`ößöl ößök ößöj ößöf ößöd ößös ößöa`
Wortübungen:	`Größe, Klöße, Straße, Prozess, Pass, Kongress`
	`fließen, fließt, schießen, schoss`
	`reißen, riss, muss, musste, groß größte`

Üben Sie die markierten Wörter zuerst 5-mal vor. Schreiben Sie dann den Satz 3-mal untereinander und erhöhen Sie dabei die Schreibgeschwindigkeit.

Schnellschreiben:	Der Redner äußerte sich anschließend zu den Missständen der Flüsse.

ZUSAMMENFASSUNG: Ä, Ü und ß

Griffübungen:	`öäöüößö`
Wortübungen:	`Föhre, Fähre, Füller, Flößer`
Satz:	`Im nächsten Prozess sind die Regressansprüche der Flößer zu prüfen.`

Test 8: Buchstabentest zu allen Buchstaben

1. Ordnen Sie den jeweils angegebenen Buchstaben der richtigen Griffhand zu.
2. Schreiben Sie den Buchstaben der Grundstellung dazu, von dem Sie entweder in die Ober- oder die Unterreihe greifen.
3. Sofern die linke oder rechte Umschaltung benötigt wird, tragen Sie ein „X“ ein.

Tastatur

	linke Hand					rechte Hand				
Buchstabe	Umschaltung	kleiner Finger	Ringfinger	Mittelfinger	Zeigefinger	Zeigefinger	Mittelfinger	Ringfinger	kleiner Finger	Umschaltung
Ä										
m										
C										
O										
x										
Z										
;										
V										
T										
y										
Ü										
W										
U										
n										
ß										
-										
B										
w										
,										
p										
I										
E										
q										
R										

Vergleichen Sie Ihre Lösungen mit den Lösungen in Teil C.

Schreibtraining 3: Textgestaltung

1. Lesen Sie den Text.
2. Geben Sie den Text „blind" ein. Automatische Silbentrennung und Blocksatz stellen Sie erst nach der Eingabe ein.
3. Heben Sie die Reiseziele und Aktivitäten in den entsprechenden Farben hervor.

Tastatur-Reisebericht

Mit dem roten Audi erreichen Sie Ihr erstes Reiseziel: Augsburg. Dort ersteigern Sie einen Quarzring. Anschließend entspannen Sie sich auf einer Yogamatte am Ufer des Lechs in Augsburg.

Ihre Reise führt Sie nun mit dem blauen Saab nach Saarbrücken. Zu Fuß begeben Sie sich auf den berühmten Wanderweg an der Saar, der Sie zum Weltkulturerbe der „Völklinger Hütte" (Bergbaumuseum) führt. Ein weiteres Highlight erwartet Sie nach Ihrer Wanderung. Sie erleben das einmalige Schauspiel „der auf einem Xylophon spielenden Affen" im Zoo.

In Darmstadt erwartet Sie eine Erlebnisführung durch das Europäische Raumfahrtzentrum. Sie werden im gelben EU-Raumanzug an einem simulierten Flug in das Weltall teilnehmen. Begeistert werden Sie auch von der abendlichen Varieté-Vorstellung der „gelben Clowns" in der Comedy Hall sein.

Die Großstadtmetropole Frankfurt am Main wartet nun auf Sie. Dort besuchen Sie zuerst das weltberühmte Goethe-Haus am Römer. Anschließend gehen Sie über die Mainbrücke und kommen direkt zum Technischen Museum für Kommunikation. Nach diesem faszinierenden Museumsgang legen Sie eine Pause im weltbekannten Viertel der „Appelwoi-Kneipen" ein. Beim Besuch in der hektischen Frankfurter Börse werden Sie dann ganz entspannt sein.

Im Navi Ihres grünen Jaguars blitzt Jena, Ihr nächstes Reiseziel, auf. Bei Ihrer Ankunft speisen Sie im Historischen Gasthaus (auch Luther-Haus genannt). Natürlich besuchen Sie auch die altehrwürdige Universität, die 1588 gegründet wurde. In den weltberühmten optischen Zeiss-Werken bekommen Sie eine spannende Führung durch das Zeiss-Planetarium. Hier lernen Sie die fantastische Welt des Universums und der fernen Galaxien kennen. Im südländisch anmutenden Naturpark Jena mit seinen bis zu 400 m hohen Muschelkalk-Bergen relaxen Sie bei einem Spaziergang.

Im flotten gelben Kia geht es nach Kassel weiter, wo Sie am ICE-Bahnhof eine Verabredung haben. Anschließend nehmen Sie an einer spannenden Krimi-Lesung teil, die in Kassel spielt.

Mit dem blauen Lancia sind Sie dann unterwegs nach Leipzig. Hier werden Sie im modern gestalteten Opernhaus Leipzig das Musical „Phantom der Oper" erleben.

Zum Abschluss Ihrer Reise lernen Sie den „sanften Tourismus" kennen. Sie reisen mit dem öffentlichen Nahverkehr an die Örtze. Dort angeln Sie für das Abendessen mehrere Äschen aus der Örtze. So gestärkt unternehmen Sie eine Paddeltour. Danach ist eine Übernachtung im Zelt vorgesehen. Zum Reiseabschluss geht es mit einem Floß die Örtze abwärts.

4. Suchen Sie im Internet die passenden Bilder und gestalten Sie eine zweite Version des Textes:
   - Speichern Sie die ausgesuchten Internetbilder im Ordner „Eigene Bilder".
   - Öffnen Sie den gestalteten Text Tastatur-Reisebericht.
   - Öffnen Sie ein neues Dokument und gestalten Sie darin den Tastatur-Reisebericht mit Bildern und Textteilen. Hilfreich zur Gestaltung sind Textfelder oder auch eine Tabelle.

Bitte beachten Sie, dass eine Veröffentlichung von Texten und Bildern, an denen Sie nicht die Rechte besitzen, nicht erlaubt ist.

Vergleichen Sie Ihre Lösungen mit den Lösungen in Teil C.

Tastatur 10: Textverarbeitung mit Ziffern und Zeichen (Gesamtübersicht)

Die Griffe zu den Ziffern und Zeichen erfolgen aus der Grundstellung. **Lernen Sie die Griffe auswendig.**

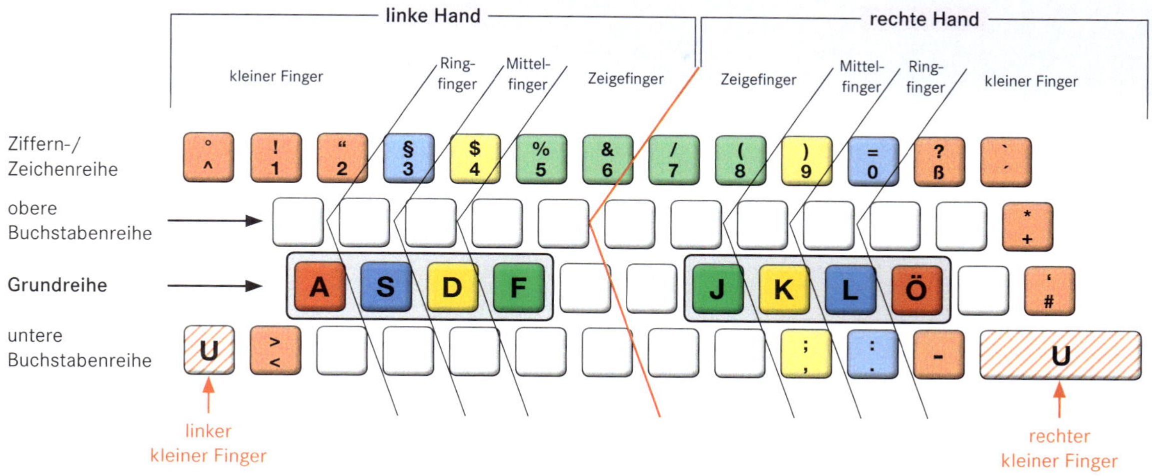

linke Hand	**rechte Hand**
1. Prägen Sie sich die Griffe zu den Ziffern aus der Grundstellung ein.	
a1a2a s3s d4d f5f6f	j7j8j k9k l0l ößö
2. Lernen Sie die Griffe zu den Ziffern und Zeichen aus der Grundstellung auswendig.	
a1a!a2a"a s3s§s d4d$d f5f%f6f&f	j7j/j8j(j k9k)k l0l=l ößö?öéèê (franz. Akzente: éèê)

3. Schreiben Sie die **Ziffern und Zeichen** der **linken Griffhand** jeweils zwei Zeilen **„blind".**
   Prägen Sie sich die Griffe und Griffrichtungen „blind" ein.
4. Anschließend verfahren Sie mit der **rechten Griffhand** in der gleichen Weise.
5. Wenn Sie sich sicher fühlen, testen Sie Ihre Ziffern- und Zeichenkenntnisse mit dem Test 9.

Test 9: Ziffern und Zeichen

1. **Prüfen Sie Ihre Kenntnisse zur Lage der Ziffern und Zeichen. Tragen Sie den jeweiligen Grundgriff und die davon ausgehenden Griffe zu den Ziffern und Zeichen in das leere Tastaturfeld ein.**

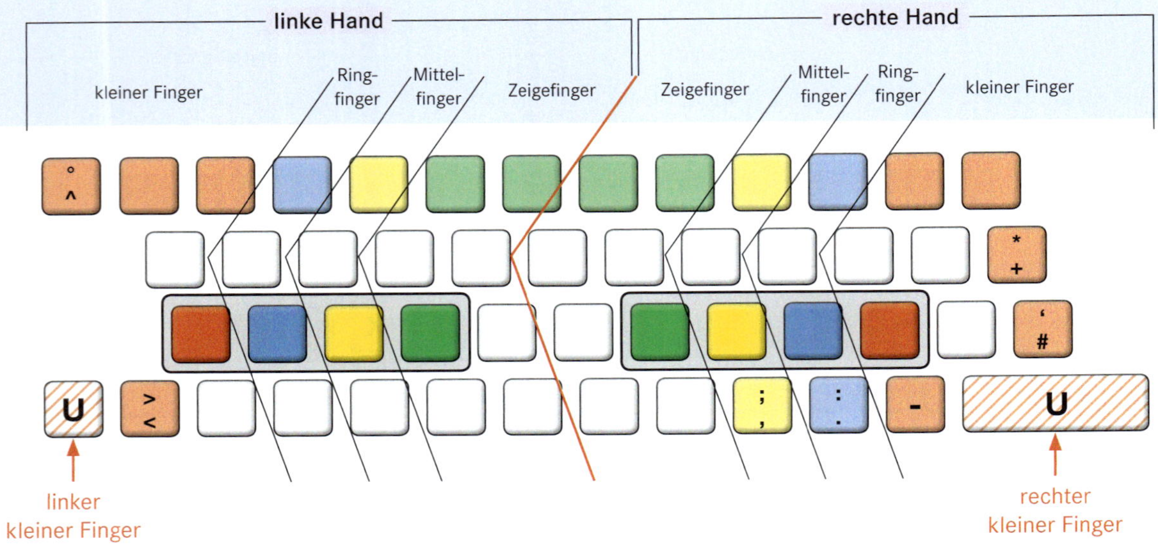

2. **Schreiben Sie die Griffe in die farbigen Felder.**

linke Hand	**rechte Hand**
Welche **Ziffern** schreiben Sie von der Grundstellung aus?	
Welche **Ziffern und Zeichen** schreiben Sie von der Grundstellung aus?	

Vergleichen Sie Ihre Ergebnisse mit der Ziffern- und Zeichenübersicht auf der Vorseite.

Tastatur 10: Ziffern und Zeichen in Texten schreiben unter Berücksichtigung der DIN 5008 (Blatt 1)

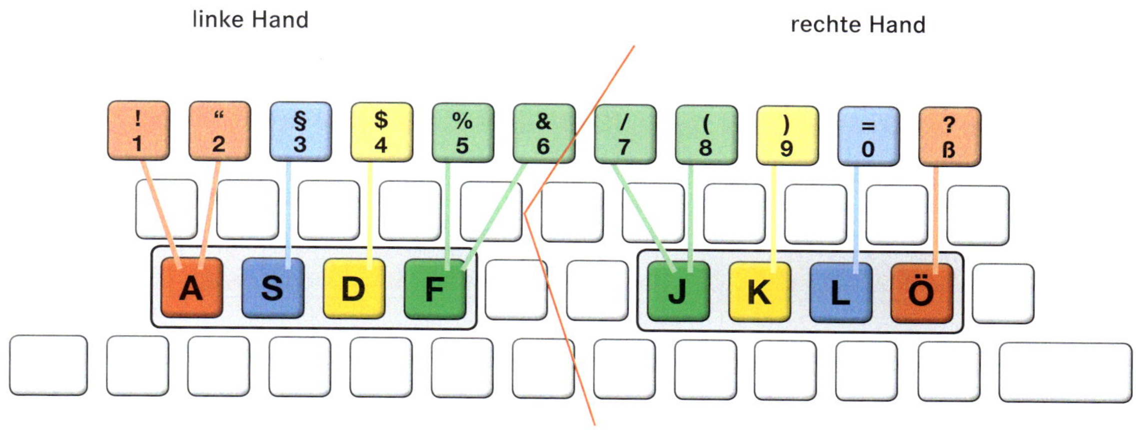

Orientieren Sie sich an der Übersicht zu den Schreibregeln nach DIN 5008 (S. 46).

Arbeitsaufträge für diese und die folgende Seite („Blatt 1“ und „Blatt 2“):

1. Üben Sie jede der farbig markierten Ziffern- und Zeichen-Griffgruppen jeweils eine volle Zeile. Lernen Sie dabei die jeweilige Griffgruppe auswendig.
2. Schreiben Sie jeweils den „Absatz mit Ziffern“ 3-mal untereinander.
3. Üben Sie jeweils den „Absatz mit Zeichen und Ziffern“ ebenfalls 3-mal.

Griffgruppe: a1a!a2a"a

Absatz mit Ziffern: Laut Vertrag wird die erste Rate von EUR 1.121 am 12. März fällig.

Absatz mit Zeichen und Ziffern: Sehr geehrte Damen und Herren! Buchen Sie Ihre Reise noch heute! Lesen Sie ab jetzt den „Spiegel“! „Das ist wichtig“, meinte der Kollege.

Griffgruppe: s3s§s d4d$d

Absatz mit Ziffern: Der 3-wöchige Urlaub wurde am 4. April 20.. beendet.

Absatz mit Zeichen und Ziffern: Lesen Sie § 3 Abs. 4 Satz 43! Beachten Sie die §§ 4 und 34! Lesen Sie bitte diese Paragrafen! Wir hatten bereits am 4. Januar d. J. 344 $ auf Ihr Konto überwiesen.

Griffgruppe: f5f%f6f&f

Absatz mit Ziffern: Bitte überweisen Sie den Betrag von EUR 5.655 auf unser Sparkassen-Konto 556644 in Hann. Münden.

Absatz mit Zeichen und Ziffern: Der Zinssatz liegt bei 5 1/4 %. Der 38%ige Rum ist sehr preiswert.

Die Firma Stein & Schwarz wird das akzeptieren. Der Auftrag konnte an die Firma Beck & Söhne Druckerei und Verlag vergeben werden.

Tastatur 10: Ziffern und Zeichen in Texten schreiben unter Berücksichtigung der DIN 5008 (Blatt 2)

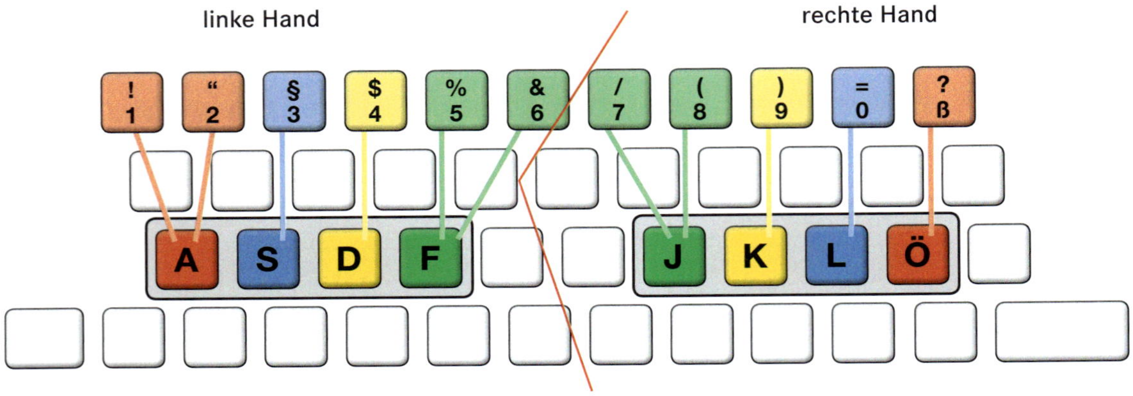

Griffgruppe:	j7j/j8j(j
Absätze mit Ziffern:	Sie erhalten in der Anlage a) den Entwurf vom 18.01.20.., b) den Kostenvoranschlag in Höhe von EUR 78.700 für die neuen Aufenthaltsräume in der Schule. Für Ihre Rückfragen stehen wir jederzeit gerne zur Verfügung.
Griffgruppe:	k9k)k l0l=l ößö?ö
Absätze mit Ziffern:	Der Kredit in Höhe von 90.500 € wurde von der Bank am 20..-01-12 bewilligt. Die erste Rate wird am 1. Februar 20.. fällig. Bitte überweisen Sie den Betrag von 9.000,00 € auf unser Konto Nr. 2700121, BLZ 260 514 50 bei der Sparkasse Hann. Münden bis zum 1. September 20... Sie erreichen mich unter der Telefonnummer 07899 7788-12. Für schriftliche Nachrichten verwenden Sie die FAX-Nummer 07899 7780.
Absätze mit Zeichen und Ziffern:	Kennen Sie das amtliche Buchstabieralphabet? A = Anton, B = Berta, C = Cäsar, Ch = Charlotte, Sch = Schule Können Sie rechnen? 4 x 17 = 68 oder 4 . 17 = 68 Haben Sie Ihr Auto „winterfest“ gemacht? Kümmern Sie sich darum!

Das Zeichen „€“ wird mit der Tastenkombination „AltGr“ und „E“ eingefügt.

Tastatur 10: Ziffern und Zeichen in Texten schreiben unter Berücksichtigung der DIN 5008 (Blatt 3)

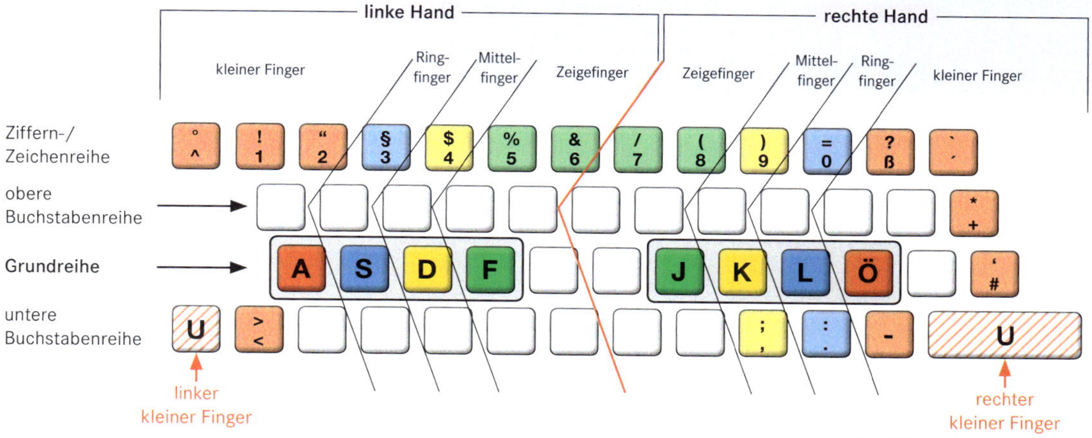

k,k;k l.l:l

Sie bedienen am Computer das Tastenfeld „blind"; Sie sind deshalb sehr viel schneller!

Name: Mustermann; Vorname: Elmar; Beruf: Auszubildender;

Die Einspruchsfrist lief am 15. Januar 20.. um 12:00 Uhr ab; die Briefhülle war mit 12:51:15 Uhr als Eingangszeit abgestempelt. Der Einspruch wurde dadurch gegenstandslos.

Die Raumplan im Maßstab 1■:■50 bietet eine gute Übersicht.

Arbeiten mit den Akzenttasten

Schlagen Sie zuerst die Akzenttaste an, schreiben Sie dann den Buchstaben.

öê öé öè ç (Einfügen → Symbol → weiteres Symbol → „ç" einfügen)

Das Rhônedelta prägt die einmalige Landschaft der Camargue.

René und Léon wohnen in Lyon. Léon fragt: „Où est l'hôtel de ville?" Irène ruft den Garçon.

Zeichen, die ein Wort vertreten:

ö+ö ö*ö ö#ö ö'ö

Machen Sie vor und nach dem Zeichen jeweils einen Leerschritt.

Auslassungszeichen ohne Leerschritt!

Addition: 35■+■35 = 70

Franz Xaver Wagner,■*■20. Mai 1837, + 9. März 1907 in New York.

Der Artikel■#■11 ist sofort lieferbar! Das Modell # 44 ist neu.

Sie rief ihm zu: „Schauen Sie lieber im ‚Duden' nach!"

Durchsage: „Der ICE ‚Hans Sachs' kommt 10 Minuten später an."

Übersicht DIN 5008: Wichtige Schreibregeln zu Schriftzeichen, Wortschreibweisen und Zahlen

Schriftzeichen für Wörter			
Prozentzeichen	2 % Skonto	5 % Zinsen	40-prozentig
Promille	0,8 o/oo	1,9 o/oo	2 o/oo Provision
Paragrafenzeichen	§ 9 EStG	§§ 38 und 44 HGB	§§ 854 – 856 BGB
Zeichen für „bis“	Größen 38 – 42	08:10 – 12:50 Uhr	von 08:00 bis 13:00 Uhr
Zeichen für „Zoll“	Ø 5 1/4"		
Zeichen für „geboren“	* 1944-10-02		
Zeichen für „gestorben“	+ 1988-12-04		
Verhältniszeichen	Maßstab 1 : 200 000	Mischungsverhältnis 2 : 6	
Firmenbindezeichen	Haller & Co. OHG	Druckerei und Verlag	
Klammern	Schüler(in)	Zeitwort (Verb)	
[ ] < >	Art déco (Kunst[gewerbe]stil)	Boom [bu:m], der <engl.>	
Zeichen für „gegen“	Klage Baum ./. Busch		
Anführungszeichen	Besuchen Sie die Fortbildung „Teamarbeit“.		

Wortschreibweisen			
Abkürzungen	z.■B., i.■A.	bzw.	m
Ableitungen und Zusammensetzungen	3fach	1996er	21-jährig
Koppelung und Aneinanderreihung	Dortmund-Ems-Kanal	Konrad-Adenauer-Str. 5	A4-Format 12-Zylinder-Motor
Ergänzungsbindestrich	Hoch- und Tiefstellung		Textbe- und -verarbeitung

Zahlen, Zahlengliederung			
Kalenderdaten	20..-02-15	15.■Februar■20..	15.02.20..
	20..-03-15	15. März 20..	15.03.20..
Zeitangaben	08:14 Uhr	14:30 Uhr	14:28:45 Uhr
Einfache Zahlen	1■000 Stück	200 000 km	16■000■000■l
Geldbeträge	2.300 €[1]	25.405 $	EUR 145.233
Dezimalzahlen	3.330,50 €	7,30 m	0,100 kg
Grundrechenarten	10■+■32 = 42	15 – 7 = 8	3 m x 4 m = 12 m^2
	96 : 8 = 12		
Ordnungszahlen	1. Runde	3. Satz	47. Woche
Postfachnummern	2 55	4 55 66	22 33 77
Telefonnummern	243454	05541 20452	0048 56686 1710
Telefaxnummern	Fax 145236	Fax 089 233555	Fax 05522 1943
Bankleitzahlen	BLZ 268■900■19	BLZ 478 400 65	BLZ 259 400 32
Postleitzahlen	30419 Hannover	38640 Goslar	87527 Sonthofen

[1] Das Zeichen „€“ wird mit der Tastenkombination „AltGr“ und „E“ eingefügt.

Textvorbereitung mit Arbeitsempfehlungen zum entspannten Schnellschreiben

Mit einem Schnellschreibtraining können Sie Ihre Griffsicherheit überprüfen und testen, ob Lesen und Eingabe synchron erfolgen. Wenn Lesen und Eingabe nicht synchron erfolgen, kommt es zu fehlenden Buchstaben oder sogar Textteilen, da man glaubt, man hätte sie schon geschrieben.

Hemmschwellen im Schreibablauf sind weniger häufige Buchstaben, Buchstabenverwechslungen (linke/rechte Griffseite), Mitlautfolgen in einem Wort, Wortzusammensetzungen und selten gebrauchte Fremdwörter.

1. **Nehmen Sie in Schreibtraining 4 bzw. 5 die ersten drei Textblöcke und lesen Sie den Inhalt.**
2. **Überlegen Sie anschließend, welche Wörter in diesen Textteilen Ihr gleichmäßiges Schnellschreiben behindern könnten. Wenn Sie feststellen, dass einige Wörter den gleichmäßigen Schreibablauf hemmen könnten und zu Fehlerquellen im Textschnellschreiben werden, sollten Sie diese vorüben.**
3. **Eine Übersicht über mögliche Fehlerquellen ist wichtig für Ihre Fehleranalyse. Die folgende Tabelle enthält eine solche Übersicht. Vermerken Sie darin die Wörter, die Sie vorüben möchten.**
4. **Üben Sie die Wörter.**

Fehlerquellen	Übungswörter
e, i, ie, ei	
re, er, eu	
au, äu	
x	
y	
q, qu	
p, sp	
st, sch	
tzt	
be-	
ver, vor	
Worterweiterungen	
Fremdwörter	

Schreibtraining 4: Schnellschreibtext „Ein Besuch in Schleswig an der Schlei"

Schriftart: Courier New, Schriftgröße 12 - Randeinstellung: links 2,4 cm - rechts 1,8 cm - oben 1,5 cm - unten 1 cm.

Ein Besuch in Schleswig an der Schlei

Jana und Jan leben in Hamburg. Sie möchten den „sanften Tourismus"
erproben und ein Wochenende in Schleswig an der Schlei verbringen.
Dazu benutzen sie den Regionalexpress der Bahn, der sie nach
Schleswig fährt. Am Bahnhof nehmen sie ein Taxi zum Hotel Strand-
halle. Bei der Fahrt passieren sie den Stadtteil Friedrichs-

berg und können sowohl den „Roten Elefanten", den Sitz des Ober-
landesgerichts, als auch aus der Ferne bereits das Schloss Gottorf
sehen. Entlang der Schlei geht die Fahrt zum Hotel, das direkt am
Segelhafen von Schleswig liegt. Von hier aus wollen sie Ausflüge
zu den Sehenswürdigkeiten der Stadt unternehmen. Gleich nach

der Ankunft wandern sie durch die Schleiwiesen zum Schleswiger Dom
und bewundern den „Bordesholmer Altar" und den Christophorus, Holz-
schnitz-Kunstwerke des Meisters Brüggemann. Sie besichtigen auch
den Schwahl, den zum Dom gehörenden Kreuzgang. Von dort erreichen
sie direkt den Marktplatz mit dem dahinter liegenden Rathaus, ei-

nem sanierten mittelalterlichen Kloster, in dem heute der Sitz des
Bürgermeisters und der Stadtverwaltung ist. Sie befinden sich also
im Zentrum der Schleswiger Altstadt. Am Samstagmorgen paddeln sie
über die Schlei nach Haddeby, um von dort das Areal der ehemaligen
Wikinger-Siedlung Haithabu mit dem schützenden Erdwall zu erwan-

dern. Auf ihrem Rückweg besichtigen sie das neu errichtete Haitha-
bu-Museum mit den dort ausgestellten restaurierten Wikinger-
Schiffen. Sie erhalten auch Informationen zu den Ausstellungsstü-
cken der historischen Wikinger-Siedlung am Haddebyer Noor. An der
Museumskasse werden sie auf die jährlich stattfindenden Wikinger-

Tage in Schleswig hingewiesen. Da es am Nachmittag regnet und sie
diesen halben Tag nicht verlieren wollen, fahren sie mit dem
Stadtbus bis zum Schloss Gottorf, um dort nicht nur die Geschichte
des Schleswiger Herzoghauses zu erfahren, sondern auch das Schles-
wig-Holsteinische Landesmuseum im Inneren des Schlosses zu besich-

tigen. Nach einer Kaffeestunde im Schloss-Bistro machen sie sich
auf den Weg, um die barocken Gartenanlagen des Schlosses anzusehen
und den weltberühmten Gottdorfer Globus zu betrachten. Zum Ab-
schluss ihres Wochenendes in Schleswig besuchen sie die historisch
vollständig erhaltene Anlage der Fischersiedlung am Holm. Sie be-

wundern an den niedrigen Häusern die „Klöndören". Vom Ufer der
Schlei entdecken sie die in der Schlei liegende Möweninsel. Ein
Fischer berichtet ihnen stolz, dass er der diesjährige „Möwenkö-
nig" sei, dem allein das Betreten der Insel und das Sammeln und
Vermarkten der in Schleswig berühmten „Möweneier" vorbehalten sei.

Nach der Rückkehr in ihr Hotel kosten sie die herzogliche Delika-
tesse „Möweneier im grünen Mantel". So gestärkt fahren sie mit dem
Bus zum Bahnhof und besteigen den Zug, der sie wieder in das groß-
städtische Hamburg zurückbringt.

Schreibtraining 5: Schnellschreibtext „Insel Lindau – die Altstadtperle im Bodensee“

Schriftart: Courier New, Schriftgröße 12 – Randeinstellung: links 2,4 cm – rechts 1,8 cm – oben 1,5 cm – unten 1 cm.

Insel Lindau - die Altstadtperle im Bodensee

Reisende, die die Insel mit dem Zug über den 1853 errichteten Eisenbahndamm erreichen, sind überwältigt von der Silhouette der Inselstadt. Bei der Ankunft beeindruckt der repräsentative Hauptbahnhof, 1913 im Jugendstil erbaut, durch seine schöne Decken- und Bodengestaltung, die Marmorwände, die Lüster und die

Jugendstilelemente an der Außenfassade. Den Hauptanziehungspunkt bildet die Seepromenade mit dem Leuchtturm als Wahrzeichen der Stadt und dem Bayerischen Löwen in der Hafeneinfahrt. Der Blick vom Hafen über den See nach Bregenz hinauf zum Pfänder und bei guter Sicht auf das Panorama der dahinter liegenden Bergspitzen

ist zu jeder Jahreszeit faszinierend. In römischer Zeit war die Insel noch nicht besiedelt, aber man nannte sie die „linten Auen“, nach den Lindenbäumen, die darauf wuchsen. Der römische „Centurio“ (Statthalter), in Bregenz ansässig, ließ sich auf den Hügeln oberhalb der Insel eine Villa erbauen. Die Überreste wur-

den vor einigen Jahren teilweise freigelegt. Im 13. Jahrhundert privilegierte der Kaiser Lindau als „Freie Reichsstadt“. Lindenbaum und Lindenblatt wurden zum Stadtwappen und als reichsstädtisches Siegel gewählt. Der von Kaiser Maximilian I. 1496/97 nach Lindau einberufene Reichstag bildete einen herausragenden

Höhepunkt des reichsstädtischen Lebens. Bis in das 17. Jahrhundert hinein profitierten Stadt und Bürger von ihrer günstigen Lage an den Handelswegen über den See oder am Seeufer entlang, aus deutschen Landen nach Italien und umgekehrt. Der Dreißigjährige Krieg unterbrach diese Handelswege und die Bevölkerung ver-

armte. Der Ratssyndikus Valentin Heider, ein Vertreter aller Reichsstädte auf dem Westfälischen Friedenskongress, stiftete nach seiner Rückkehr im Jahr 1655 das „Lindauer Kinderfest“. Bis heute wird es jährlich in Lindau Ende Juli gefeiert. Dank des wiedererlangten Wohlstands der Bürgerfamilien im 18. Jahrhun-

dert wurden nach einem Großbrand die betroffenen Häuser prächtiger und schöner als je zuvor aufgebaut. Neben den Häusern aus der Gotik oder der Renaissance bilden deshalb heute auch Paläste im Barockstil die Kernbereiche der Inselstadt. Die Hotels am Hafen, der Bahnhof, die Hauptpost wie auch die „neue Kaserne“ auf

der Hinteren Insel erweitern das Stadtensemble der Baustile aus allen bedeutenden Epochen. Dieses Gesamtbild prägt die Inselstadt bis heute. Sie gilt deshalb als ein einzigartiges Juwel der deutschen Städte-Landschaft. Seit 60 Jahren wird Lindau im Sommer zum Treffpunkt der Nobelpreisträger aus aller Welt. Mit

ausgewählten Studenten, Gästen und Journalisten werden Themen der globalen Entwicklung erörtert. Die „Lindauer Psychotherapiewochen“ finden seit 1950 jährlich im April statt. Lindau, die Altstadtperle im Bodensee, präsentiert sich heute als Tagungsstadt und Urlaubsregion mit internationalem Flair.

Übersicht: Die Möglichkeiten zur Textgestaltung nach DIN 5008

1. Text in Absätze gliedern

2. Wechsel der Schriftart

3. Wechsel der Schriftgröße und -farbe

4. Zeilenabstand verändern

5. **Fettdruck**
Kursiv
Unterstreichen

6. linksbündig
zentrieren
rechtsbündig
Blocksatz

7. Einrücken (Veränderung der Einzüge)
1-zeilige Einrückung ⟶ 2-mal Tab.-Taste drücken (Grad 20 = Sp. 11 = 2,54 cm)
mehrzeilige Einrückung (Einzug von links 2,54 cm)

8. Aufzählungsmöglichkeiten (nur drei Möglichkeiten nach DIN):

Nummerierung mit Ziffern:	Nummerierung mit Kleinbuchstaben	Aufzählung mit Aufzählungszeichen:
1.	a)	-
2.	b)	-
3.	c)	-

Zwischen Aufzählungsteilen muss eine Leerzeile sein!

(Ausnahme: kurze Aufzählung innerhalb eines Satzes)

9. Absätze mit Teilbetreff versehen. Der Teilbetreff ist Inhaltsangabe für einen Absatz. Er wird unterstrichen oder fett hervorgehoben und endet mit einem Punkt. Dann wird in der gleichen Zeile weitergeschrieben. (Siehe Lösung zur Textgestaltung für den Text „Insel Lindau – die Altstadtperle im Bodensee“ in Teil C.)

10. Textteile mit **Farbe** hervorheben (Siehe Lösung zur Textgestaltung für den Text „Tastatur-Reisebericht“ in Teil C.)

11. Textteile in Spalten

12. Texte in Tabellenform gestalten mit/ohne Gitternetz

13. Aufstellungen mit Tab-Stopps

Wählen Sie zwei oder höchstens drei Hervorhebungsarten für Ihre Textgestaltung aus. Die Gefahr ist groß, dass ein Zuviel an Gestaltung den Leser irritiert und dass das Wesentliche nicht mehr aus dem Text hervortreten kann.

1. Öffnen Sie den Text „Ein Besuch in Schleswig an der Schlei“ und nehmen Sie die Textgestaltung vor. Beantworten Sie dazu für sich zunächst die folgenden Fragen:
   - Welche Gestaltungsmöglichkeiten wählen Sie für den Text „Ein Besuch in Schleswig an der Schlei“?
   - Müssen die Absätze inhaltlich neu gegliedert werden?
   - Was soll sofort ins Auge fallen?
   - Was wollen Sie hervorheben?
2. Gestalten Sie den Text.
3. Vergleichen Sie Ihre Textgestaltung mit der möglichen Lösung in Teil C.
4. Gestalten Sie den Text zum Thema „Insel Lindau – die Altstadtperle im Bodensee“ entsprechend.

→ **Test 1** Seite 9

1.3 Test 1: Tastenfeldausschnitt Grundstellung linke und rechte Griffhand

1. Tragen Sie die jeweiligen Reiseziele ein.

Audi: Augsburg

Saab: Saarbrücken

Wohin geht die Tastatur-Reise? Mit dem … nach …

Daimler: Darmstadt

Ferrari: Frankfurt

2. Tragen Sie die Buchstaben der Grundstellung ein.

linke Hand

A S D F

rechte Hand

J K L Ö

Jaguar: Jena

Kia: Kassel

Lancia: Leipzig

Öffentlicher Nahverkehr: an die Örtze

1.4 Test 2: Grundstellung linke und rechte Griffhand

1. Welcher Finger schreibt in der Grundstellung welchen Buchstaben? Tragen Sie den Buchstaben in das entsprechende Kästchen des Grifffingers ein.

Tastatur

linke Hand | rechte Hand

Buchstabe	Umschaltung	kleiner Finger	Ringfinger	Mittelfinger	Zeigefinger	Zeigefinger	Mittelfinger	Ringfinger	kleiner Finger	Umschaltung
a		a								
f					f					
d				d						
s			s							
j						j				
ö									ö	
k							k			
l								l		
	nicht ausfüllen	rechte und linke Hand im Wechsel								nicht ausfüllen
a		a								
j						j				
d				d						
ö									ö	
l								l		
s			s							
k							k			
f					f					
l								l		
d				d						

Bei welchen Buchstaben mussten Sie sehr lange überlegen?
Diese Buchstaben müssen Sie sich nochmals genau einprägen.

Sie können auch den Zuordnungstest für sich wiederholen, indem Sie ein weißes Blatt darüber legen. Bestimmt stellen Sie danach fest, dass Sie sicherer und schneller zuordnen konnten.

2.2 Test 3: Tastenfeldausschnitt Griffschema linke Griffhand

1. Erinnern Sie sich daran, was Sie im Text zur Tastatur-Reise gehört haben.
   a) Tragen Sie die Reiseziele ein.
   b) Nennen Sie die Erlebnisse bzw. Unternehmungen.

	Reiseziel:	Erlebnisse/Unternehmungen:
In	AUGSBURG	Quarzring ersteigern
		relaxen auf einer Yogamatte
In	SAARBRÜCKEN	Wanderweg entlang der Saar nehmen
		Xylophon spielende Affen im Zoo sehen
In	DARMSTADT	Führung durch das Europäische Raumfahrtzentrum
		die „gelben Clowns“ in der Comedy-Hall erleben
In	FRANKFURT	das Goethe-Haus besichtigen
		Im Römer am Empfang der Stadt teilnehmen
		Besuch des Technischen Museums für Kommunikation
		Entspannung im Viertel der Äppelwoi-Kneipen
		Besuch der Börse

2. Ordnen Sie jedem Buchstaben der Grundstellung die Griffe in die Ober- oder Unterreihe zu. Tragen Sie die Buchstaben in das Tastaturschema ein.

Tastatur: linke Griffhand

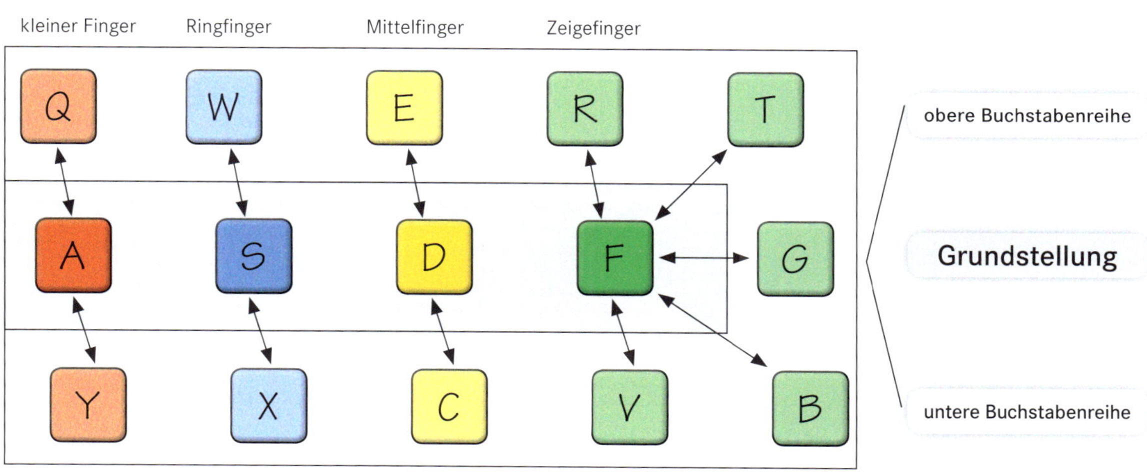

➔ Test 4 Seite 14

3.2 Test 4: Tastenfeldausschnitt Griffschema rechte Griffhand

1. Erinnern Sie sich daran, was Sie im Text zur Tastatur-Reise gehört haben.
   a) Tragen Sie die Reiseziele ein.
   b) Nennen Sie die Erlebnisse bzw. Unternehmungen.

	Reiseziel:	Erlebnisse/Unternehmungen:
In	JENA	essen im Historischen Gasthof
		Besuch der Universität
		Führung durch die Zeiss-Werke
		erholen im Naturpark Jena
		Blick auf die Muschelkalk-Berge
In	KASSEL	Krimi-Lesung im ICE-Bahnhof
In	LEIPZIG	Aufführung im Opernhaus
An	DER ÖRTZE	Äschen angeln
		Paddeltour unternehmen
		Übernachtung im Zelt
		Erlebnistour mit dem Floß die Örtze abwärts.

2. Ordnen Sie jedem Buchstaben der Grundstellung die Griffe in die Ober- oder Unterreihe zu und tragen Sie die Buchstaben in das Tastaturschema ein.

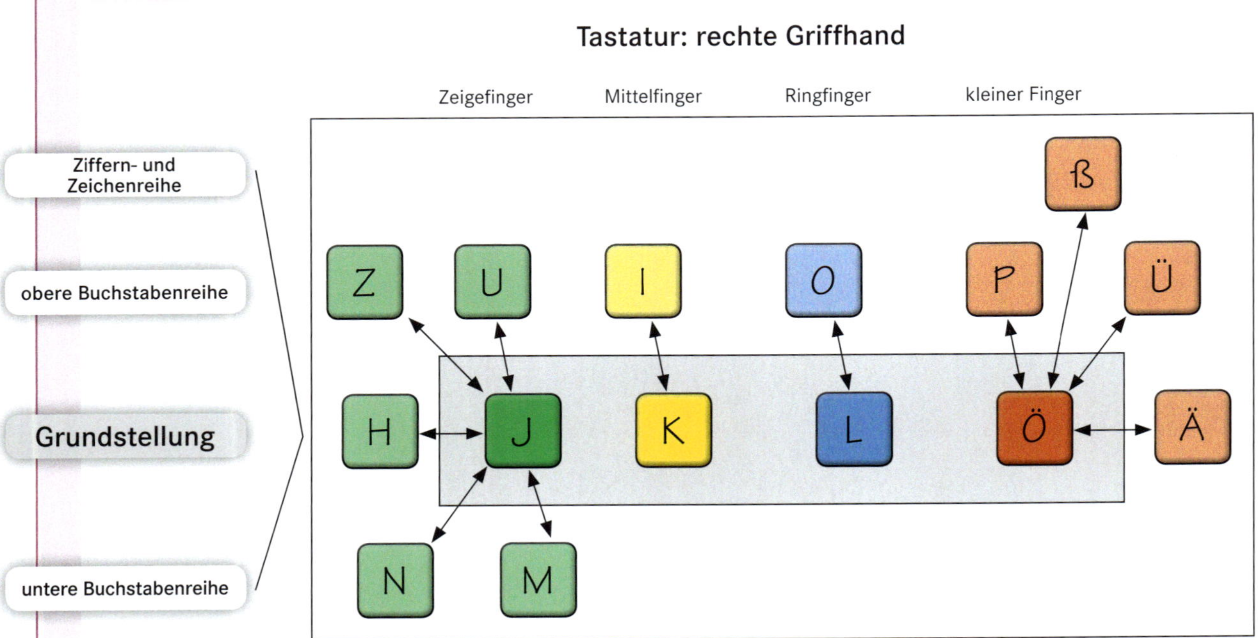

4 Phase 4: Abschlusstest

4.1 Testvorbereitung – Aufgabenlösung

Griff von der Grundstellung in die Unterreihe

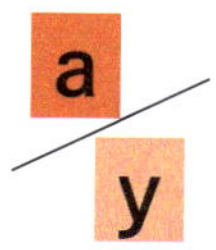

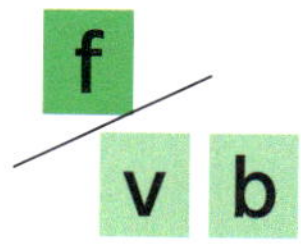

Griff nach rechts unten versetzt

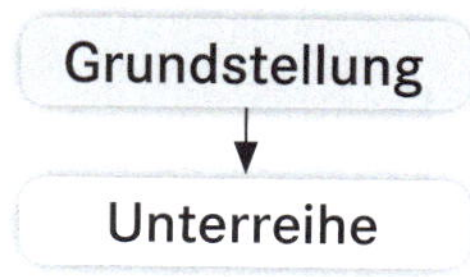

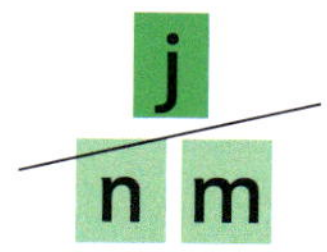

Griff nach links unten bzw. rechts unten versetzt

Griff von der Grundstellung in die Oberreihe

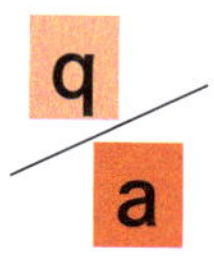

Griff nach links oben versetzt

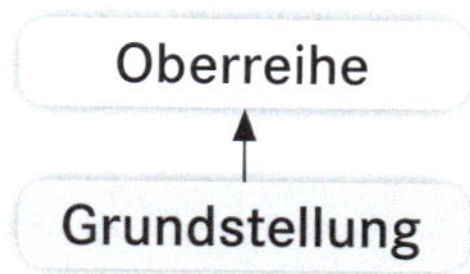

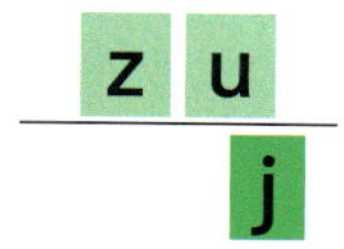

Griff nach links oben versetzt

Griff von der Grundstellung zu einem Buchstaben der Grundreihe

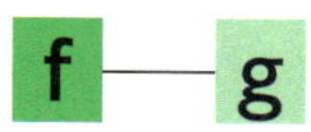

Griff parallel nach rechts

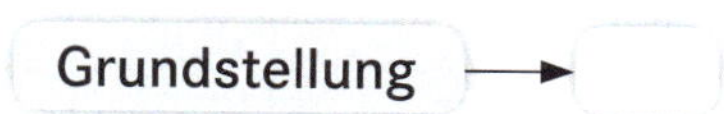

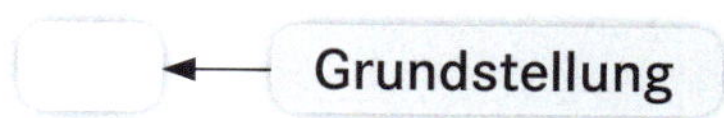

Griff parallel nach links

Griff von der Grundstellung in die Ziffern- und Zeichenreihe

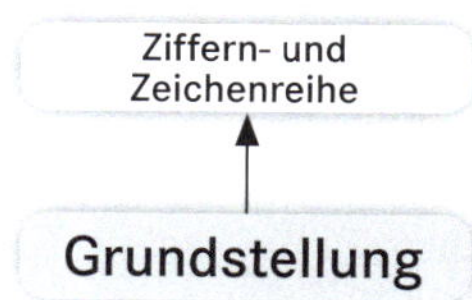

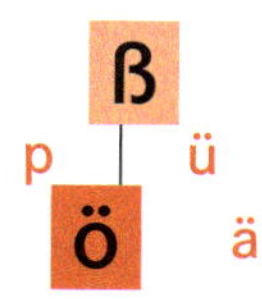

Griff leicht nach rechts oben versetzt

1. Sie haben das Tastenfeld fest im Gedächtnis verankert und kennen die Lage der Buchstaben. Stellen Sie die Griffe zu den nachfolgenden Buchstaben nach dem oben gezeigten Schema dar.

x	s / x	m	j / m	c	d / c
o	o / l	ä	ö — ä	i	i / k
e	e / d	ß	ß | ö	b	f / b
h	h — j	t	t / f	p	p / ö

➔ Test 5 Seite 17

4.2 Test 5 (Abschlusstest): Grundstellung mit Ober- und Unterreihe für linke und rechte Griffhand

1. Welcher Grifffinger schreibt welchen Buchstaben? Schreiben Sie jeweils den Buchstaben in das entsprechende Kästchen des Grifffingers.

   Denken Sie an die vorgeübte Darstellung der Griffe in die Ober-/Unter- oder Grundreihe.

Tastatur → linke Hand / rechte Hand

Buchstabe	Umschaltung (linke Hand)	kleiner Finger (linke Hand)	Ringfinger (linke Hand)	Mittelfinger (linke Hand)	Zeigefinger (linke Hand)	Zeigefinger (rechte Hand)	Mittelfinger (rechte Hand)	Ringfinger (rechte Hand)	kleiner Finger (rechte Hand)	Umschaltung (rechte Hand)
y	nicht ausfüllen	a / y								nicht ausfüllen
w			w / s							
r					r / f					
b					f / b					
e				e / d						
v					f / v					
q		q / a								
x			s / x							
g					f — g					
c				d / c						
t					t / f					
		rechte und linke Hand im Wechsel								
z						z / j				
ß									ß | ö	
h						g — h				
m						j / m				
i							i / k			
ä									ö — ä	
n						j / n				
o								o / l		
p									p / ö	
ü									ü / ö	
u						u / j				

➔ Test 6 Seite 29

Test 6: Buchstabentest bis G/H und Komma/Punkt

1. Ordnen Sie die Buchstaben und Zeichen der jeweils richtigen Griffhand zu.
2. Schreiben Sie den Buchstaben der Grundstellung dazu, von dem Sie entweder in die Ober- oder die Unterreihe greifen.
3. Sofern die linke oder rechte Umschaltung benötigt wird, tragen Sie ein „X“ ein.

Tastatur

Buchstabe	linke Hand: Umschaltung	linke Hand: kleiner Finger	linke Hand: Ringfinger	linke Hand: Mittelfinger	linke Hand: Zeigefinger	rechte Hand: Zeigefinger	rechte Hand: Mittelfinger	rechte Hand: Ringfinger	rechte Hand: kleiner Finger	rechte Hand: Umschaltung
d				d						
l								l		
S			s							X
j						j				
A		a								X
Ö	X								ö	
h						h—j				
F					f					X
k							k			
G					f—g					X
a		a								
,							k/,			
ö									ö	
s			s							
j						j				
.								l/.		
d				d						
g					f—g					
,							k/,			
L	X							l		
.								l/.		
H	X					h—j				
,							k/,			
K	X						k			

➔ **Test 7** Seite 35

Test 7: Buchstabentest bis B/N

1. Ordnen Sie die Buchstaben und Zeichen der jeweils richtigen Griffhand zu.
2. Schreiben Sie den Buchstaben der Grundstellung dazu, von dem Sie entweder in die Ober- oder die Unterreihe greifen.
3. Sofern die linke oder rechte Umschaltung benötigt wird, tragen Sie ein „X“ ein.

Tastatur

linke Hand | rechte Hand

Buchstabe	Umschaltung (links)	kleiner Finger (links)	Ringfinger (links)	Mittelfinger (links)	Zeigefinger (links)	Zeigefinger (rechts)	Mittelfinger (rechts)	Ringfinger (rechts)	kleiner Finger (rechts)	Umschaltung (rechts)
Q		q/a								X
M	X					j/m				
r					r/f					
O	X							o/l		
i							i/k			
Z	X					z/j				
,							k/,			
V					f/v					X
T					t/f					X
H	X					h—j				
P	X								p/ö	
W		w/s								X
U	X					u/j				
n							j/n			
G					f—g					X
.								l/.		
B					f/b					X
E				e/d						X
,							k/,			
R					r/f					X
w			w/s							
I	X						i/k			
p									p/ö	
q		q/a								

Test 8: Buchstabentest zu allen Buchstaben

1. Ordnen Sie den jeweils angegebenen Buchstaben der richtigen Griffhand zu.
2. Schreiben Sie den Buchstaben der Grundstellung dazu, von dem Sie entweder in die Ober- oder die Unterreihe greifen.
3. Sofern die linke oder rechte Umschaltung benötigt wird, tragen Sie ein „X“ ein.

Tastatur

Buchstabe	linke Hand: Umschaltung	linke Hand: kleiner Finger	linke Hand: Ringfinger	linke Hand: Mittelfinger	linke Hand: Zeigefinger	rechte Hand: Zeigefinger	rechte Hand: Mittelfinger	rechte Hand: Ringfinger	rechte Hand: kleiner Finger	rechte Hand: Umschaltung
Ä										ö — ä
m						j/m				
C				d/c						X
O	X							o/l		
x			s/x							
Z	X					z/j				
;	X						k/;			
V					f/v					X
T					t/f					X
y		a/y								
Ü	X								ü/ö	
W			w/s							X
U	X					u/j				
n							j/n			
ß									ß–ö	
-									ö/-	
B					f/b					X
w			w/s							
,							k/,			
p									p/ö	
I	X						i/k			
E				e/d						X
q	q/a									
R					r/f					X

→ **Aufträge 1–3** Seite 40

Schreibtraining 3: Textgestaltung

1. Lesen Sie den Text.
2. Geben Sie den Text „blind" ein. Automatische Silbentrennung und Blocksatz stellen Sie erst nach der Eingabe ein.
3. Heben Sie die Reiseziele und Aktivitäten in den entsprechenden Farben hervor.

Tastatur-Reisebericht

Mit dem **roten Audi** erreichen Sie Ihr erstes Reiseziel: **Augsburg**. Dort ersteigern Sie einen **Quarzring**. Anschließend entspannen Sie sich auf einer Yogamatte am Ufer des Lechs in Augsburg.

Ihre Reise führt Sie nun mit dem **blauen Saab** nach **Saarbrücken**. Zu Fuß begeben Sie sich auf den berühmten **Wanderweg** an der Saar, der Sie zum Weltkulturerbe der „Völklinger Hütte" (Bergbaumuseum) führt. Ein weiteres Highlight erwartet Sie nach Ihrer Wanderung. Sie erleben das einmalige Schauspiel „der auf einem **Xylophon** spielenden Affen" im Zoo.

In Darmstadt erwartet Sie eine Erlebnisführung durch das Europäische Raumfahrtzentrum. Sie werden im **gelben EU-Raumanzug** an einem simulierten Flug in das Weltall teilnehmen. Begeistert werden Sie auch von der abendlichen Varieté-Vorstellung der „**gelben Clowns**" in der **Comedy Hall** sein.

Die Großstadtmetropole **Frankfurt** am Main wartet nun auf Sie. Dort besuchen Sie zuerst das weltberühmte **Goethe-Haus** am **Römer**. Anschließend gehen Sie über die Mainbrücke und kommen direkt zum **Technischen Museum für Kommunikation**. Nach diesem faszinierenden Museumsgang legen Sie eine Pause im weltbekannten **Viertel** der „Appelwoi-Kneipen" ein. Beim Besuch in der hektischen Frankfurter **Börse** werden Sie dann ganz entspannt sein.

Im Navi Ihres **grünen Jaguars** blitzt **Jena**, Ihr nächstes Reiseziel, auf. Bei Ihrer Ankunft speisen Sie im **Historischen Gasthaus** (auch Luther-Haus genannt). Natürlich besuchen Sie auch die altehrwürdige **Universität**, die 1588 gegründet wurde. In den weltberühmten optischen **Zeiss-Werken** bekommen Sie eine spannende Führung durch das Zeiss-Planetarium. Hier lernen Sie die fantastische Welt des Universums und der fernen Galaxien kennen. Im südländisch anmutenden **Naturpark Jena** mit seinen bis zu 400 m hohen **Muschelkalk-Bergen** relaxen Sie bei einem Spaziergang.

Im flotten **gelben Kia** geht es nach **Kassel** weiter, wo Sie am **ICE-Bahnhof** eine Verabredung haben. Anschließend nehmen Sie an einer spannenden Krimi-Lesung teil, die in Kassel spielt.

Mit dem **blauen Lancia** sind Sie dann unterwegs nach **Leipzig**. Hier werden Sie im modern gestalteten **Opernhaus** Leipzig das Musical „Phantom der Oper" erleben.

Zum Abschluss Ihrer Reise lernen Sie den „sanften Tourismus" kennen. Sie reisen mit dem **öffentlichen Nahverkehr** an die **Örtze**. Dort angeln Sie für das Abendessen mehrere **Äschen** aus der Örtze. So gestärkt unternehmen Sie eine **Paddeltour**. Danach ist eine **Übernachtung** im Zelt vorgesehen. Zum Reiseabschluss geht es mit einem **Floß** die Örtze abwärts.

4. Suchen Sie im Internet die passenden Bilder und gestalten Sie eine zweite Version des Textes.
   - Speichern Sie die ausgesuchten Internetbilder im Ordner „Eigene Bilder".
   - Öffnen Sie nun auch den gestalteten Text Tastatur-Reisebericht.
   - Öffnen Sie ein neues Dokument und gestalten Sie den Tastatur-Reisebericht mit Bildern und Textteilen.

   Hinweis: Hilfreich zur Gestaltung sind Textfelder oder auch eine Tabelle.

Bitte beachten Sie, dass eine Veröffentlichung von Texten und Bildern, an denen Sie nicht die Rechte besitzen, nicht erlaubt ist.

Tastatur-Reisebericht

Mit dem **roten Audi** erreichen Sie Ihr erstes Reiseziel: **Augsburg**.

Dort ersteigern Sie einen **Quarzring**.

Anschließend entspannen Sie sich auf einer Yogamatte am Ufer des Lechs in Augsburg.

Ihre Reise führt Sie nun mit dem **blauen Saab** nach **Saarbrücken**. Zu Fuß begeben Sie sich auf den berühmten **Wanderweg** an der Saar, der Sie zum Weltkulturerbe der „Völklinger Hütte" (Bergbaumuseum) führt. Ein weiteres Highlight erwartet Sie nach Ihrer Wanderung. Sie erleben das einmalige Schauspiel „der auf einem **Xylophon** spielenden Affen" im Zoo.

Blauer **Wanderweg** an der Saar

Xylophon spielende Affen im Zoo

In **Darmstadt** erwartet Sie eine Erlebnisführung durch das Europäische Raumfahrtzentrum. Sie werden im **gelben EU-Raumanzug** an einem simulierten Flug in das Weltall teilnehmen.

Begeistert werden Sie auch von der abendlichen Varieté-Vorstellung der „**gelben Clowns**" in der **Comedy Hall** sein.

Frankfurt am Main

Goethe-Haus

Römer (Wahrzeichen von Frankfurt)

Die Großstadtmetropole **Frankfurt** am Main wartet nun auf Sie. Dort besuchen Sie zuerst das weltberühmte **Goethe-Haus** am **Römer**.

Anschließend gehen Sie über die Mainbrücke und kommen direkt zum **Technischen Museum für Kommunikation**.

Nach diesem faszinierenden Museumsgang legen Sie eine Pause im weltbekannten **Viertel** der „Appelwoi-Kneipen" ein.

Beim Besuch in der hektischen Frankfurter **Börse** werden Sie dann ganz entspannt sein.

Ein Besuch in Schleswig an der Schlei

Jana und Jan leben in Hamburg. Sie möchten den „sanften Tourismus" erproben und ein Wochenende in Schleswig an der Schlei verbringen. Dazu benutzen sie den Regionalexpress der Bahn, der sie nach Schleswig fährt.

Am Bahnhof nehmen sie ein Taxi zum Hotel Strandhalle. Bei der Fahrt passieren sie den Stadtteil Friedrichsberg und können sowohl den „Roten Elefanten", den Sitz des Oberlandesgerichts, als auch aus der Ferne bereits das Schloss Gottorf sehen. Entlang der Schlei geht die Fahrt zum Hotel, das direkt am Segelhafen von Schleswig liegt. Von hier aus wollen sie Ausflüge zu den Sehenswürdigkeiten der Stadt unternehmen.

Am Samstagmorgen paddeln sie über die Schlei nach **Haddeby,** um von dort das Areal der ehemaligen **Wikinger-Siedlung Haithabu** mit dem schützenden Erdwall zu erwandern. Auf ihrem Rückweg besichtigen sie das neu errichtete **Haithabu-Museum** mit den dort ausgestellten restaurierten **Wikinger-Schiffen**. Sie erhalten auch Informationen zu den Ausstellungsstücken der historischen **Wikinger-Siedlung am Haddebyer Noor**. An der Museumskasse werden sie auf die jährlich stattfindenden Wikinger-Tage in Schleswig hingewiesen.

Gleich nach der Ankunft wandern sie durch die Schleiwiesen zum **Schleswiger Dom** und bewundern den „Bordesholmer Altar" und den Christophous, Holzschnitz-Kunstwerke des Meisters Brüggemann. Sie besichtigen auch den Schwahl, den zum Dom gehörenden Kreuzgang. Von dort erreichen sie direkt den Marktplatz mit dem dahinter liegenden **Rathaus,** einem sanierten mittelalterlichen Kloster, in dem heute der Sitz des Bürgermeisters und der Stadtverwaltung ist. Sie befinden sich also im **Zentrum der Schleswiger Altstadt.**

Da es am Nachmittag regnet und sie diesen halben Tag nicht verlieren wollen, fahren sie mit dem Stadtbus bis zum **Schloss Gottorf,** um dort nicht nur die Geschichte des Schleswiger Herzoghauses zu erfahren, sondern auch das Schleswig-Holsteinische Landesmuseum im Inneren des Schlosses zu besichtigen.

Nach einer Kaffeestunde im Schloss-Bistro machen sie sich auf den Weg, um die **barocken Gartenanlagen des Schlosses** anzusehen und den weltberühmten **Gottdorfer Globus** zu betrachten.

Zum Abschluss ihres Wochenendes in Schleswig besuchen sie die **historisch vollständig erhaltene Anlage der Fischersiedlung am Holm.** Sie bewundern an den niedrigen Häusern die „Klöndören".

Vom Ufer der Schlei entdecken sie die in der Schlei liegende **Möweninsel.** Ein Fischer berichtet ihnen stolz, dass er der diesjährige „Möwenkönig" sei, dem allein das Betreten der Insel und das Sammeln und Vermarkten der in Schleswig **berühmten „Möweneier"** vorbehalten sei.

Nach der Rückkehr in ihr Hotel kosten sie die herzogliche Delikatesse „Möweneier im grünen Mantel". So gestärkt fahren sie mit dem Bus zum Bahnhof und besteigen den Zug, der sie wieder in das großstädtische Hamburg zurückbringt.

Insel Lindau – die Altstadtperle im Bodensee

Reisende, die die Insel mit dem Zug über den 1853 errichteten ***Eisenbahndamm*** *erreichen, sind überwältigt von der Silhouette der Inselstadt. Bei der Ankunft beeindruckt der* ***repräsentative Hauptbahnhof,*** *1913 im Jugendstil erbaut, durch seine schöne Decken- und Bodengestaltung, die Marmorwände, die Lüster und die Jugendstilelemente an der Außenfassade.*

Den Hauptanziehungspunkt bildet die Seepromenade mit dem ***Leuchtturm als Wahrzeichen der Stadt und dem Bayerischen Löwen*** *in der Hafeneinfahrt. Der Blick vom Hafen über den See nach Bregenz hinauf zum Pfänder und bei guter Sicht auf das Panorama der dahinter liegenden Bergspitzen ist zu jeder Jahreszeit faszinierend.*

In römischer Zeit war die Insel noch nicht besiedelt, *aber man nannte sie die „linten Auen", nach den Lindenbäumen, die darauf wuchsen. Der römische Centurio (Statthalter), in Bregenz ansässig, ließ sich auf den Hügeln oberhalb der Insel eine Villa erbauen. Die Überreste wurden vor einigen Jahren teilweise freigelegt.*

Im 13. Jahrhundert privilegierte der Kaiser ***Lindau als „Freie Reichsstadt".*** *Lindenbaum und Lindenblatt wurden zum Stadtwappen und als reichsstädtisches Siegel gewählt. Der von Kaiser Maximilian I. 1496/97 nach Lindau einberufene Reichstag bildete einen herausragenden Höhepunkt des reichsstädtischen Lebens. Bis in das 17. Jahrhundert hinein profitierten Stadt und Bürger von ihrer günstigen Lage an den Handelswegen über den See oder am Seeufer entlang, aus deutschen Landen nach Italien und umgekehrt.*

Der Dreißigjährige Krieg unterbrach diese Handelswege und die Bevölkerung verarmte. Der Ratssyndikus ***Valentin Heider,*** *ein Vertreter aller Reichsstädte auf dem Westfälischen Friedenskongress, stiftete nach seiner Rückkehr im Jahr 1655 das* ***„Lindauer Kinderfest".*** *Bis heute wird es jährlich in Lindau Ende Juli gefeiert.*

Dank des wiedererlangten Wohlstands der Bürgerfamilien im 18. Jahrhundert wurden nach einem Großbrand die betroffenen Häuser prächtiger und schöner als je zuvor aufgebaut. Neben den Häusern aus der Gotik oder der Renaissance bilden deshalb heute auch Paläste im Barockstil die Kernbereiche der Inselstadt. Die Hotels am Hafen, der Bahnhof, die Hauptpost wie auch die „neue Kaserne" auf der Hinteren Insel erweitern das Stadtensemble der Baustile aus allen bedeutenden Epochen. Dieses Gesamtbild prägt die Inselstadt bis heute. Sie gilt deshalb als ein einzigartiges Juwel der deutschen Städte-Landschaft.

Seit 60 Jahren wird Lindau im Sommer zum ***Treffpunkt der Nobelpreisträger*** *aus aller Welt. Mit ausgewählten Studenten, Gästen und Journalisten werden Themen der globalen Entwicklung erörtert. Die „Lindauer Psychotherapiewochen" finden seit 1950 jährlich im April statt. Lindau, die Altstadtperle im Bodensee, präsentiert sich heute als Tagungsstadt und Urlaubsregion mit internationalem Flair.*